Rüdiger Rogoll
Ulrike und Christa Marwedel

Ich mag mein Kind – mein Kind mag mich!

Wie das Leben mit Kindern Spaß machen kann

Transaktionsanalyse für Eltern

Herderbücherei

Originalausgabe
erstmals veröffentlicht als Herder-Taschenbuch

Buchumschlag: Werner Bleyer
Umschlagfotos: H. Marwedel

Herder Freiburg · Basel · Wien
Herstellung: Freiburger Graphische Betriebe 1986
ISBN 3-451-08268-3

Inhalt

1.
Warum noch ein Buch über Eltern und Kinder?

Wir schreiben dieses Buch für Eltern und andere Menschen, die mit Kindern zusammenleben und nach Möglichkeiten suchen, um ihre Kinder dabei zu unterstützen, daß sie sich zu selbständigen, selbstverantwortlichen und zuversichtlichen Menschen entwickeln.

In der Transaktionsanalyse (TA) sehen wir ein Modell zum Verstehen menschlichen Verhaltens und eine Möglichkeit, mit Hilfe der aus ihr gewonnenen Einsichten das Zusammenleben mit anderen und besonders mit unseren Kindern neu zu gestalten: anstatt althergebrachten Erziehungsbemühungen und -irrtümern zu folgen, wollen wir einfach achtungsvoll und gelassen miteinander umgehen.

Als Psychotherapeuten haben wir miterlebt, wie Eltern z. B. durch TA ihr Leben veränderten und ihre Erkenntnisse im Leben mit ihren Kindern dazu benutzten, mehr Entspannung und Freude zu haben.

Von den Konzepten der TA haben wir nur einige ausgewählt, da wir annehmen, daß sie in dieser Kombination besonders nützlich für Eltern sind. Wir bieten dazu in jedem Kapitel Übungen an, die Lernerfahrungen in kleinen Schritten ermöglichen sollen.

Unserer Meinung nach gibt es keine Erziehungsmethode, die die einzig richtige ist. Wir gehen vielmehr davon aus, daß ganz bestimmte Erziehungspraktiken für das Wohlergehen eines Kindes weniger wichtig sind als die grundlegende liebevolle und wohlwollende Haltung der Eltern ihm gegenüber.

Das ungestörte Aufwachsen eines Kindes wird wesentlich durch befriedigende Beziehungen der Familienmitglieder untereinander begründet. Daher verwenden wir das Wort ‚Erziehung' nicht. Das Wort ‚Erziehung' läßt uns daran denken, daß dabei das Kind zum Gegenstand einer Behandlung gemacht und nicht als Partner im Zusammenleben verstanden wird.

Da wir generell von Vorbeugen mehr halten als von Heilen, wollen wir auf die krankhaften Störungen von Kindern und ihre Behandlung nicht eingehen. Wenn sie auftreten, empfehlen wir professionelle Beratung, wie sie heute glücklicherweise an vielen Orten in Form von psychologischen Beratungsstellen auf privater oder institutioneller Ebene angeboten wird. Wir wissen, daß Störungen von Kindern oft Störungen in dem „System Familie" widerspiegeln, weswegen wir Eltern gerne zu einem Gespräch zusammen mit den Kindern einladen.

Wir selber gehen mit unseren Problemen zu Kolleg(inn)en in Therapie und fühlen uns trotz manch schmerzlicher Einsicht hinterher wohler. Unserem Ansehen hat das in keiner Weise geschadet – im Gegenteil!

Wir wissen, daß die meisten Eltern ihren Kindern gute Eltern sein möchten und aus ihrer Befindlichkeit und ihrem Vermögen heraus danach gehandelt haben.

„Ich habe solche Schuldgefühle, weil ich bei meinen Kindern soviel falsch gemacht habe." „Meine Eltern sind schuld an meiner Misere." In derartigen Selbstvorwürfen und einseitigen Schuldzuweisungen sehen wir keinen Nutzen. Eltern mit Schuldgefühlen sind keine besseren Eltern.

Wir wollen daher Eltern in ihrem Bestreben, das Beste für sich und ihre Kinder zu tun, unterstützen und ermutigen, anstatt sie mit Anschuldigungen zu entmutigen.

Wir möchten Eltern verlocken, für sich selbst auch etwas Gutes zu tun, mit sich selbst schonend umzugehen, damit sie ein erfülltes Leben führen können, was auch ihren Kindern zugute kommt.

Kinder haben ein Recht auf Unversehrtheit. Eltern waren auch einmal Kinder, und viele von ihnen haben dieses Recht nicht gehabt. Anstatt darüber zu hadern, können sie umlernen und ihren Kindern zu einem glücklicheren Leben verhelfen.

Wir möchten dazu beitragen, daß Eltern und Kinder zu einem Leben mit Spaß und gegenseitiger Achtung finden.

2.
Eltern, Kinder und Erwachsene in einer Person?

Oder:
Wir alle haben mehrere Persönlichkeitsanteile
(Ichzustände)

In diesem Kapitel zeigen wir an der Entwicklung der Ich-Zustände idealtypisch, wie Wachstum und Entfaltung des menschlichen Potentials von der Art und Intensität der Zuwendung der Umwelt in Kindheit und Jugend abhängen. Wir wissen, daß im Laufe des Lebens nicht alles so glatt verläuft, wie wir es hier darstellen. Wir gehen auf diese Tatsache immer wieder ein.

2.1 Wie erkennen wir die verschiedenen Persönlichkeitsanteile (Ichzustände)?

Eric Berne, der Begründer der Transaktionsanalyse, hat in seiner psychiatrischen Praxis beobachtet, daß Menschen während einer kurzen Sitzung ihr Verhalten öfter auffallend wechseln. Sie verändern ihre Stimme, ihre Haltung und ihren Gesichtsausdruck und damit einhergehend auch ihre Gefühle und Meinungen.

Diese wechselnden Zustände, die wir alle an uns und anderen beobachten können, nennt er Ich-Zustände.

Manchmal, so Bernes Beobachtungen, sagen die Menschen etwas über sich und begleiten ihre Worte mit gerunzelter Stirn, als sprächen Eltern kritisch mit einem Kind, oder sie sagen mit fürsorglicher Miene etwas Ausgleichendes, Tröstendes. Diesen Zustand nennt er Eltern-Ich, abgekürzt EL.

Wenn wir uns genau beobachten und wahrnehmen, was wir in unserem inneren Selbstgespräch zu uns sagen oder wie wir mit anderen Menschen umgehen, können wir herausfinden, daß wir aus dem EL in zwei unterschiedlichen Teilen handeln: einem nährenden, unterstützenden Teil und einem korrigierenden, kontrollierenden und kritisierenden Teil. Das nährende Eltern-Ich (nEL) hilft, tröstet und sorgt für andere oder uns selbst, so wie liebevolle Erwachsene für ein Kind. Das kritische Eltern-Ich (kEL), in dem wir leider zu oft sind, kann harsch mit drohenden, verbietenden und ängstigenden Handlungen, Gefühlsäußerungen und Gebärden Einfluß nehmen.

Wenn wir mit Erwachsenen-Gruppen arbeiten, sind besonders die Eltern unter ihnen sehr betroffen darüber, daß ihnen sehr viel mehr Aussprüche aus dem kritischen Eltern-Ich einfallen.

Das El speichert auch Regeln, Gebote und Verbote sowie Erlaubnisse, die unser Überleben sichern sollen und auch gedacht sind als Anweisungen dafür, wie wir das Leben meistern. Sie sind zum Teil unbewußt von Generation zu Generation weitergereicht worden und hinken der Entwicklung in unserer raschlebigen Zeit nach. So kommt es, daß wir aus dem Eltern-Ich handeln im Einklang mit unseren Wertvorstellungen, Normen und Regeln und nicht immer frei von Vorurteilen.

Ein anderer Ich-Zustand entspricht dem Verhalten eines Menschen, der denkt, etwas erklärt, berichtet oder sich informiert. Er spricht sachlich und ruhig und richtet sich beim Sprechen auf; seine Stimme verändert sich, wird monotoner. Diesen Ich-Zustand nennt Berne Erwachsenen-Ich, abgekürzt ER.

Wenn wir allein mit uns sind und unsere Ich-Zustände in einem inneren Zwiegespräch zu Wort kommen lassen, können wir feststellen, daß unser ER uns hilft, Entscheidungen zu treffen und uns Klarheit zu verschaffen. Wir können mit Hilfe unseres ER unser Handeln überprüfen und besser mit unseren Gefühlen fertigwerden. Wir können wahrnehmen, daß auch unangenehme Gefühle sehr wichtig und hilfreich sind, wenn wir unser ER dazu benutzen, sie zu ergründen und dann etwas unternehmen, wodurch wir unsere Lage verändern. So kann z. B. jemand, der Angst vor einer Prüfung hat, überprüfen, ob er wesentliche Wissenslücken hat. Ist das nicht der Fall, so kann er oder sie sich ins Gedächtnis rufen, wie er/sie andere prüfungsähnliche Situationen erlebt hat, kann sich beruhigen und zuversichtlich in die Prüfung gehen.

Ein weiterer Ich-Zustand umfaßt das Verhalten, das dem eines Kindes ähnelt. Dazu gehört, wenn wir uns freuen, lachen, weinen oder auch wütend sind, aufbegehren und etwas ungern machen, weil es jemand von uns fordert. In diesem Ich-Zustand können wir schöpferisch, rücksichtslos, spielerisch, einfühlungsfähig sein und Spaß haben. Diesen Ich-Zustand nennt Berne den Kindheits-Ich-Zustand, Kind-Ich oder K. Das Kind-Ich ist die Quelle unserer Energie.

Während ich dies schreibe, merke ich, daß mein Kind-Ich begeistert ist und mitmacht. Ich muß mich zurückhalten, um nicht ausufernd begeistert über das Kind-Ich zu schreiben. Mein ER sagt mir, daß ich einen Zeitplan habe, um diesen Text zu schreiben, und daß ich auch nur eine begrenzte Menge von Informationen in diesem kleinen Buch unterbringen kann. Mein EL mahnt mich, daß ich mich an meine Vorsätze halten muß, sonst schaffe ich es nicht. Dabei fällt mir ein Satz ein, der ein alter Bekannter von mir ist: „Die Uhr tickt." Ich habe ihn mir gesagt, wenn ich als Kind in die Schule rannte.

Wenn ich so mit mir rede, fühle ich mich unangenehm angespannt. Darum gehe ich jetzt einen Kaffee kochen, um mir etwas Gutes zu tun, und bin, schwupp, im Eltern-Ich, das mich tröstet, und fühle mich wieder gut.

Im Kind-Ich sind drei Anteile zu entdecken. Ein Anteil ist frei, begeisterungsfähig, schöpferisch, lustvoll, genießerisch und impulsiv. Das ist unser freies Kind (abgekürzt fK) und der Teil unserer Persönlichkeit, der uns mit Energie versorgt und uns von unseren frühesten Tagen an überleben läßt. Aus diesem Teil des K strömt den Menschen aus der Umwelt sehr viel Liebe entgegen, weil ein wichtiger Impuls auch des Kindes ist, zu lieben und geliebt zu werden.

Beispiel:

Eine Mutter, die seit Jahren Schwierigkeiten mit ihrer kleinen Tochter hatte und sie aus ihr selbst nicht erklärbaren Gründen ablehnte, litt deswegen sehr unter Schuldgefühlen und nahm sich vor, sie eine Woche so zu behandeln, als würde sie sich für lange Zeit von ihr trennen müssen. Sie sah plötzlich in ihre Augen und ihre Kleinheit und Schutzbedürftigkeit. Sie nahm sich mehr Zeit für sie als sonst, wenn sie sie ins Bett brachte. Ihr wurde deutlich, was sie brauchte. Sie nahm ihr verändertes Verhalten wahr und ihre lange nicht offen zum Ausdruck gekommene Liebe zeigte sich jetzt in scheuen „Liebeserklärungen", sie wurde sehr bald toleranter gegenüber Frustrationen.

Außer dem freien Kind haben wir einen angepaßten Teil, der den Regeln, Geboten und Verboten von Autoritätspersonen gehorcht, wie es Eltern, Lehrer, Nachbarn, Verwandte und große Geschwister sind. Aus diesem Ich-Zustand halten wir uns z. B. an Gesetze und Verkehrsregeln. Ich z. B. wage es nicht, mit einem unordentlich gebügelten Kragen herumzulaufen und ohne Taschentuch wegzugehen. Diesen Teil des Kind-Ichs nennen wir das angepaßte Kind, abgekürzt aK.

Außer diesen beiden Arten von Kind-Reaktionen gibt es als dritte die rebellische. Die rebellische Haltung ist bei vielen von uns sehr einflußreich, wird aber ungern zugegeben und wahrgenommen.

Beispiel:

Ein Freund von uns ist früher, wenn wir gemeinsam im Auto reisten, nur zögernd oder gar nicht in die Richtung abgebogen, die wir ihm vorgeschlagen hatten, ohne dafür einen vernünftigen Grund angeben zu können. Sein rebellisches Kind hatte die Macht und wir waren verärgert. Viel später haben wir dann begonnen, uns etwas über unsere inneren Widerstände zu erzählen. Jetzt trägt dieser Austausch über unser heimliches Denken sehr zu unserem Spaß bei.

Beispiel:

Wir haben einmal einen sehr banalen und albernen Film gesehen, der uns trotzdem sehr amüsierte. Dieser Film lebte davon, daß eine scheinbar ganz unwichtige Figur der Handlung sehr rebellisch war und dauernd „laut dachte". Sie verbrauchte ihre Zeit und Energie für umständliche Überlegungen und Entscheidungen darüber, ob sie jemand zu steuern versuchte.

Der Gipfel war, daß sie beim Abschied Probleme mit der Floskel hatte: „Leben Sie wohl!“ Sie fragte sich: „Soll das etwa eine Vorschrift sein?“

Diesen Teil des Kind-Ichs nennen wir das rebellische Kind, abgekürzt rK.

Berne veranschaulicht die Ich-Zustände mit diesem Diagramm:

Alle drei Ich-Zustände gehören zum erwachsenen Menschen und sollten in ausgewogener Mischung vorhanden sein.

Sie können bei sich Ich-Zustände unterscheiden, wenn Sie folgende Übung machen:

Stellen Sie sich vor (das ist eine Empfehlung und keine Vorschrift), daß Sie einen Garten mit einer Gruppe von Leuten besichtigen, den Freunde mit interessanten Blumen und Pflanzen neu angelegt haben. Sie stolpern und fallen in ein Blumenbeet. Was sagen Sie zu sich? Im ersten Schreck? Etwas später?

Wenn die Anwesenden ihre inneren Zwiegespräche veröffentlichen würden, könnten wir hören, daß die Äußerungen recht unterschiedlich wären, nämlich je nachdem, welcher Ich-Zustand bei jedem im Vordergrund steht:

aK: Oh, wie unangenehm! Typisch für mich! Was soll ich bloß machen?

fK: Macht nichts!

nEL: Das kannst du ja wieder gutmachen.

kEL: Paß doch auf!

ER: Ich erkundige mich, wo ich diese Blumen kaufen kann, und pflanze sie hier ein.

2.2 Wie entwickeln sich unsere Persönlichkeitsanteile?

ALTERSSTUFE 0 BIS 6 MONATE

In der ersten Zeit seines Lebens hat das Kind von den beschriebenen Ich-Zuständen nur einen Teil des Kind-Ichs entwickelt. Wir nennen diesen frühen Ich-Zustand das Kind-Ich im Kind, das biologische Kind oder das Freie Kind.

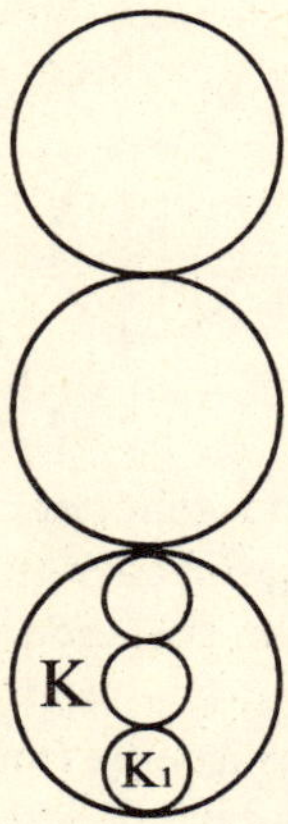

Diesen Ich-Zustand füllt das Kind vom ersten Tag an mit seinen Erfahrungen. Sie können unser ganzes Leben lang von Zeit zu Zeit auftauchen als etwas nicht klar Bestimmbares, im Körper Fühlbares (s. Zuwendungen).

Wie abhängig und dadurch seiner Umgebung ausgeliefert das Baby ist, können wir vielleicht nachvollziehen, wenn wir uns vorstellen, wir lägen im Bett, könnten uns nicht umdrehen, nicht hochkommen, nicht sprechen, nicht herausfinden, was uns gerade fehlt, wir wissen nur, daß wir Unbehagen spüren. Alles, was uns möglich ist, ist zu schreien, damit uns jemand hilft, das Unbehagen oder den Schmerz zu beheben, uns zu nähren, wenn wir Hunger haben, uns zu wickeln oder wärmen, wenn wir frieren. Vielleicht liegen wir so, daß wir nicht einmal sehen können, weil uns die Sicht versperrt ist. Wir haben noch kein Zeitgefühl, wir wissen nicht, wie lange wir schon unglücklich sind und wie lange wir noch warten müssen, bis jemand kommt. Das Kind benötigt in dieser Situation alle drei Ich-Zustände der Eltern:

Durch ihr nährendes Eltern-Ich erhält es liebevolle Ernährung und Schutz.

Mit ihrem Erwachsenen-Ich holen sie Informationen ein und prüfen die Realität. So überlegen sie sich sehr genau, wem sie ihr Kind anvertrauen. Wenn sie einen Kinderarzt oder eine Kinderärztin wählen, achten sie darauf, daß er/sie nicht nur fachkundig ist, sondern auch achtungsvoll mit ihrem Kind umgeht.

Wenn sie ihr Kind nicht selbst versorgen oder einen Babysitter brauchen, nehmen sie eine Pflegeperson, die sich auf Kinder versteht und weiß, was Kinder brauchen.

Aus ihrem eigenen Kind-Ich fühlen sich die Eltern in die Gefühle und Bedürfnisse des Kindes ein, z. B. nach Nähe, Helligkeit und Bewegung. (Wie würde ich mich jetzt fühlen, nachts im Dunkeln, allein im Zimmer, vielleicht gar in fremder Umgebung, ohne die vertrauten Geräusche und die „Sprache“ der eigenen Familie, die mich versteht?)

Diese natürliche frühe Abhängigkeitsbeziehung nennen wir Symbiose. Sie sichert uns das Überleben. Durch sie können wir erfahren, daß wir erwünscht sind ganz gleich, ob wir ein Junge oder Mädchen sind. Wir speichern diese ersten Erinnerungen an liebevolle Eltern als ein Gefühl der Zuversicht in unserem frühen Kind-Ich, wenn wir nicht etwas Schlimmes erleben.

ALTERSSTUFE 6 BIS 18 MONATE

Etwa in diesem Alter entwickelt sich ein weiterer früher Teil im Kind-Ich, das als „Erwachsenen-Ich“ im Kind-Ich verstanden wird und sich vom späteren Erwachsenen-Ich wesentlich unterscheidet.

Es ist der Ursprung unserer Intuition, unsere vorbewußte Fähigkeit zu „wissen“, was los ist. „Wie ist hier heute die Stimmung?“

Berne nannte diesen Teil des Kind-Ich-Zustandes den „kleinen Professor“ und wir nennen ihn jetzt meistens den „kleinen Pfiffikus“. Das Ich-Zustands-Modell ergibt jetzt folgendes Bild:

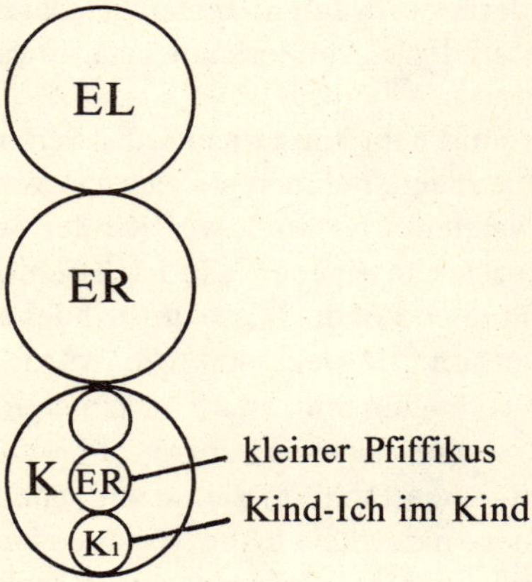

Das Kind wird mehr und mehr fähig, sich zu erinnern und wiederzuerkennen. Es betrachtet seine Umwelt mit Interesse und Neugier und beginnt, sie zu erforschen. Es steckt alles Mögliche in den Mund und beginnt, mit der Zunge zu fühlen, zu schmecken, zu riechen.

Es untersucht Gegenstände, Schubladen, kramt ziellos in Kästen, greift lustvoll in Sand und nach Blättern. Es untersucht die Mutter, greift ihr ins Haar, hängt sich an die Halskette, zieht an den Knöpfen, kurz, es begreift die Umwelt. Es wirft Sachen weg, probiert aus, wie Gegenstände fallen, krabbelt hinterher, setzt sich auf und zieht sich hoch und lacht, wenn es stehen kann und will kaum noch liegen. Seine Interessen und seine Aufmerksamkeit wechseln noch sehr schnell. In diesem Alter blickt das Kind anders, verstehender in die Welt. Es sieht kritisch auf Fremde, die es zunehmend beunruhigen, weil es jetzt Vertrautes und Unvertrautes unterscheidet (Fremdeln). Es hat seine eigenen Verständigungsmöglichkeiten erweitert und zeigt deutlich seine Gefühle – nicht nur durch Schreien. Es ahmt alles Mögliche nach, schnalzt lustvoll mit der Zunge und kann viele unterschiedliche Geräusche hervorbringen. Zunehmend lernt es, einzelne Worte zu sprechen und reagiert auf spielerische und beruhigende Ansprache Erwachsener. Das Kind versteht ihre Ausdrucksbewegungen und in wachsendem Maße ihre Worte. Durch die Fähigkeit, etwas zu halten (z. B. einen Löffel) und die wachsende Beweglichkeit durch Krabbeln und Stehen, macht es erste kleine Schritte zur Selbständigkeit, gefolgt von den ersten tatsächlichen Schritten in die Welt: Es lernt laufen.

Auch in dieser Zeit braucht das Kind die Symbiose mit den Eltern aus allen ihren Ich-Zuständen. Mit ihrem Eltern-Ich und ihrem Erwachsenen-Ich passen sie auf, daß ihr Kind beschützt „forschen" kann. Sie schaffen eine sichere Umgebung, damit das Kind sich nicht verletzt, wenn es in seine Umwelt ausgreift. Gefährliche und zerbrechliche Gegenstände werden sicher aufbewahrt und vielleicht einige untere Schubladen mit Sachen gefüllt, die für das Kind interessant und geeignet sind. So kann es in der Küche in Sieben, Deckeln, Formen wühlen und allerlei Geräusche hervorbringen. Oft jauchzt, lacht oder plappert es dazu. Mit ihrem eigenen Kind-Ich spielen die Eltern mit dem Kind, wenn es das mag. Sie benutzen ihren eigenen „kleinen Pfiffikus", um sich in das Kind einzufühlen und es zu verstehen. Sie erfinden Anreize für das Kind; denn ein Mangel an Anregung bedeutet Entbehrung für das Kind.

Die kleinen Ausflüge von der Mutter weg werden bejaht, das Zurückkommen ebenfalls. Die körperliche Zuwendung des nährenden Eltern-Ichs wird jetzt oft durch liebevolle

Blicke und Worte ersetzt, mit denen die Eltern das Tun und Dasein des Kindes bestätigen.

Die Eltern nehmen jetzt ihre Deutungen der Gefühle des Kindes, die es zunehmend selbst ausdrücken kann, mehr zurück. Sie lassen das Kind gewähren und unterstützen z. B. seinen Wunsch, selbst zu essen – auch wenn es kleckert. Das Kind ist wichtiger als Ordnung.

Die Eltern ermutigen das Kind aus ihrem nEL, aktiv zu sein und geben ihm Schutz dabei, ohne das Kind zu behindern und ängstlich zu machen. Sie sind verfügbar und unterstützen das Kind. Sie sorgen für Anregungen und erlauben ihm den forschenden Umgang mit Sachen, auch daß es sie in den Mund nimmt. Sie ermöglichen ihm Körperkontakt (vielleicht durch ein gemeinsames Bad?). Das Kind darf sich entfernen und wird beim Zurückkehren (vielleicht nur um die Zimmerecke) freudig angenommen. Ein so behandeltes Kind kann schlußfolgern, daß es ganz recht ist, alles zu untersuchen und Neues kennenzulernen. Wenn es so ermutigt wird, bewegt es sich sicher und fließend und erwirbt Geschicklichkeit und Lust, etwas zu tun, aktiv zu sein (vergleiche Kapitel 4). Das Kind kann sich zunehmend getrennt von der Mutter erleben und sich mit sich selbst identifizieren, je mehr es angenommen ist.

ALTERSSTUFE 18 BIS 36 MONATE

Mit der beobachtbaren Erweiterung seiner Denkfähigkeit drängt das Kind nach Unabhängigkeit und Eigenständigkeit, besonders von den Eltern. Es ist dabei, ein weitgehend funktionsfähiges Erwachsenen-Ich zu entwickeln (sein Gehirn hat mit drei Jahren 90% seines endgültigen Volumens erreicht). Zugleich lernt es sprechen. Seine Ich-Zustände können jetzt mit folgender Darstellung wiedergegeben werden:

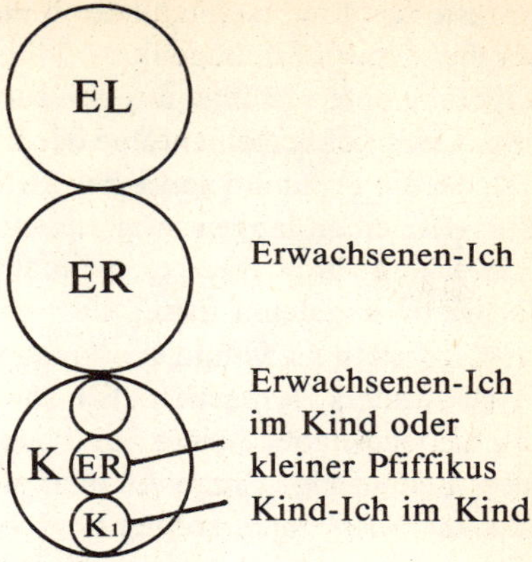

Das Kind ist sehr interessiert und möchte alles genau wissen und verstehen. Es braucht Zeit und Geduld zum Nachdenken. Das sagt es auch, wenn es entsprechende Vorbilder hat: „Ich muß das überlegen". Es teilt seine Denkergebnisse gern mit: „Ich glaube, das ist so ...". Es hat das Bedürfnis, zu erfahren, was die anderen in der Familie vorhaben und denken. Je klarer und direkter die Erwachsenen mit ihm reden, desto brauchbarer sind die Inhalte seines Erwachsenen-Ichs.

Das Kind verknüpft jetzt Gedanken und Erfahrungen miteinander, erkennt Widersprüche und ist beunruhigt durch Geheimnisse Erwachsener und macht sich seinen „eigenen Reim" auf Unverständliches. Auch das speichert es in seinem Erwachsenen-Ich!

Das Kind erlebt neue und intensive Gefühle während seiner Ablösungsbemühungen. Angst vor dem Getrenntsein als eigenständige Person und die Erfahrung, daß die Dinge nicht so gehen, wie das Kind es sich wünscht, führen zu Frustration und Wutausbrüchen. Das Kind erlebt seine Grenzen und fordert grenzsetzende Reaktionen bei seinen Bezugspersonen heraus. Es probiert aus, was passiert, wenn es seinen Becher ausgießt, tolle Geschichten erzählt (ob sie ihm geglaubt werden?), wenn es jemanden kneift usw. Überhaupt erkundet es andere Menschen. Das Ergebnis wird uns im Leben zur Orientierung dienen. Es möchte, daß sie tun, was es will. Beispiele:

Eine Mutter geht mit einem laut brüllenden Dreijährigen über die Straße – er will, daß sie ihre Einkäufe rückgängig macht, die Medikamente in die Apotheke zurückbringt, weil sie die von ihm gewünschte Reihenfolge der Einkäufe nicht eingehalten hat. Meine Freundin sollte bei Regen mit ihrer Tochter in diesem Alter einen langen Weg zurückgehen, weil die Kleine jetzt doch den Traubenzucker annehmen wollte, den sie bei der Drogistin abgelehnt hatte.

Das Kind stellt Gewohntes in Frage und experimentiert damit, vieles anders zu machen als bisher oder als die anderen. Vorübergehend haben „Nein" und „ich will nicht" eine überragende Bedeutung. Eltern können sich damit trösten, daß Kinder, die Nein sagen können und vor allem dürfen, später besser durchhalten, wenn es darum geht, ihre Meinung zu vertreten.

Der Streß mit dem sich ablösenden Kind wird gemildert, wenn die Eltern es unterstützen und ihr ER benutzen. Eine Mutter erzählte, daß sie sich selbst oft bei Schwierigkeiten sagt: „Bleib bloß jetzt im Erwachsenen-Ich!"

Aus ihrem ER überdenken sie, welche Regeln oder Forderungen sie durchsetzen wollen, ob sie vernünftig handeln, ob das Kind verantwortlich über sich selbst bestimmen kann z. B. beim Essen. Es ist meistens sehr erleichternd, dem Kind zu überlassen, was und wieviel es ißt. Eltern merken manchmal gar nicht, wie unwirksam und ungesund der Kampf ums Essen über Monate andauert. Das Loslassen-Können zeigt sich auch in all den kleinen Machtkämpfen.

Wichtig ist, daß die Eltern sich auf die notwendigen Regeln, die das Kind schützen, konzentrieren.

Es ist gut, auf „Erziehungsvorschläge" von Außenstehenden mit dem Erwachsenen-Ich zu reagieren und sich auf die eigenen Beobachtungen und Kenntnisse zu stützen. So werden viele Eltern gedrängt, ihr Kind zur Benutzung des Klos zu zwingen, anstatt zu warten und dem Kind seine Zeit zu lassen. Obwohl es inzwischen wohl hinreichend bekannt ist, daß die sogenannte Reinleichkeitserziehung ein wunder Punkt im Leben vieler Menschen ist, können es viele Eltern nicht abwarten, ihr Kind als trocken und sauber vorzuführen. Das

Kind hat die schwierige Leistung zu vollbringen, Stuhl und Urin zurückzuhalten, ohne eine Verstopfung zu bewirken und dann zur rechten Zeit loszulassen. Ich glaube, die Eltern, die loslassen können, nämlich Kontrolle aufgeben können, werden ihr Kind in dieser Zeit vor Schaden bewahren und ihm mit vernünftigen Maßnahmen helfen. Sie können z. B. dem Kind Hosen mit Gummizug anziehen.

Unerfüllbare Wünsche und notwendige Verbote sollten begründet werden, und das Kind kann durch das Aufzeigen anderer Möglichkeiten lernen, selbst kreativ zu denken und selbst Alternativen vorzuschlagen.

Damit das ER des Kindes klare Informationen speichern kann, braucht das Kind der Wahrheit entsprechende Aussagen der Erwachsenen und muß über Vorgänge innerhalb der Familie wie schwere Krankheit, Tod oder Trennung aufgeklärt werden. Das Kleinkind spürt, wenn Spannungen in der Familie sind, andere traurig sind und die Eltern im Zwist leben oder andere Probleme haben.

Gleichzeitig braucht es die entlastende Aussage, daß die Erwachsenen ihre Probleme lösen werden und das Kind nicht mit hineingezogen wird. Geheimnisse in der Familie sind quälend für das Kind.

Das Kind braucht durch Klarstellung der Erwachsenen Hilfe bei der Unterscheidung von Wirklichkeit und Phantasie: „Erzählst du uns jetzt eine Als-ob-Geschichte?" Das nimmt dem Phantastischen nicht den Reiz und bedeutet nicht Entzauberung der Traumwelt. Wenn die Eltern die Gefühle des Kindes unerschrocken beim Namen nennen, kann das Kind lernen, daß es wütend, ängstlich und traurig sein darf und es Schmerzen hat, wenn es sich stößt.

Aus ihrem K fühlen die Eltern dem Kind nach, wenn es Angst allein im Dunkeln hat und lassen die Tür offen und eine Lampe brennen. Sie können mit ihrem K auch viele Probleme mit Humor mildern, wenn nicht gar lösen. Kinder brauchen spielfreudige Eltern.

Aus dem nEL braucht das Kind viel Schutz, Geduld und Zustimmung für seine schwankenden Gefühle, sein Wegstreben, sein Wieder-klein-sein-Wollen. Es braucht tröstende Umarmung bei seinen Kümmernissen. Manchmal sind Reaktionen der Eltern aus dem kritischen Eltern-Ich eine Erlaubnis für das Kind, das sich in den Trotz gesteigert hat: „Hör auf, so zu schreien, ich kann nicht verstehen, was du willst, sag' es mir!" Solche Eingriffe sind auch notwendig, wenn das Kind anderen wehtut.

ALTERSSTUFE 3–6 JAHRE

Wenn das Kind bisher bestrebt war, sich von anderen zu unterscheiden, will es jetzt wissen, wie es sich unterscheidet. Es ist daran interessiert, was es bedeutet, sein eigenes Geschlecht zu sein und was das andere Geschlecht ausmacht. Ein kleiner Junge: „Kann ich nicht doch später Kinder kriegen?" Es fragt sich: „Wer bin ich?"

Das Kind bildet jetzt sein frühes Eltern-Ich, das Eltern-Ich im Kind-Ich. Uns scheint es richtiger zu sagen, daß jetzt durch die zunehmende Sprach- und Denkfähigkeit des Kindes für andere bemerkbarer wird, was es bis jetzt aufgenommen hat, was es damit tut und wie es sein frühes EL erweitert und verändert. Im Diagramm sieht das so aus:

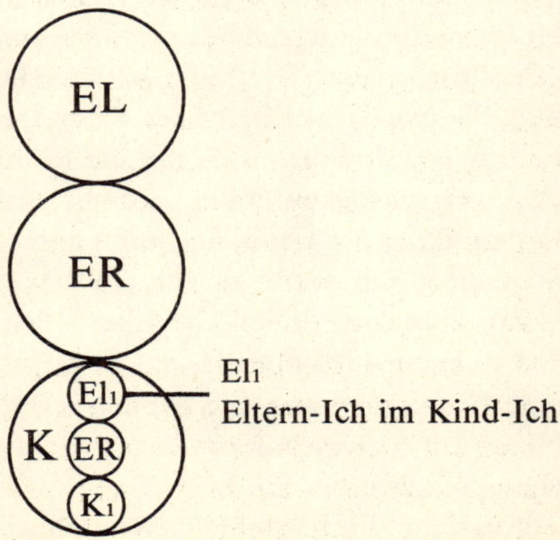

Wir gehen davon aus, daß die Kinder im El die einschränkenden und auch die nährenden und fürsorglichen Verhaltensweisen der Eltern übernehmen und Spielraum und Vorbild für Spielfreude und Fröhlichkeit erhalten.

Mit der Erweiterung seines Aktionsradius stürmen auf das Kind viele Außenreize ein. Es ist bemüht, Zusammenhänge mit seinem Erwachsenen-Ich zu erfassen, und es sucht Erleichterungen für die schwierige Aufgabe, sich in den verschiedenen Lebensumwelten und mit der eigenen wachsenden Selbständigkeit zurechtzufinden. Eine Hilfe ist es ihm dabei, sich ein eigenes Weltbild zu schaffen. Das Kind sucht nach Ordnungen und Grenzen. Dabei ist es beeinflußt von seinem frühen Eltern-Ich. Anfangs nimmt es seine Mutter im Geiste mit und läßt sie sprechen: „Meine Mutter sagt, du sollst mir ein Wurstbrot machen!" „Mein Vater will das nicht, daß du mir was tust!" sagte ein kleiner Junge zu einem großen.

Die Kinder finden immer mehr heraus, was die anderen von ihnen erwarten. Auch das überprüfen sie gern, indem sie ihre Lernfortschritte als Überraschung vorführen. Sie scheinen zu sich selbst zu sagen: „Aha, so ist das hier, sie freuen sich, wenn ich mich selbst anziehen kann!" (Selbständigkeit ist wertvoll).

Das Kind entdeckt Regeln und testet sie auf ihre Festigkeit und probiert, was passiert, wenn es sie umgeht, wenn es etwas wegnimmt, schwindelt, wenn es Personen ignoriert, nicht antwortet. Überhaupt denkt das Kind über andere Menschen nach, sucht sie zu ergründen. Ebenso macht das Kind Erfahrungen mit elternhaftem Verhalten: Es gibt dem Dackel Befehle, die dieser ignoriert oder mit einem gelangweilten Blick beantwortet. Es redet wie die Mutter mit dem schreienden Baby und gibt einem Gast beim Abschied eine Apfelsine als „Wegzehrung" mit.

Es versucht, die Beziehung zu seinen Eltern zu klären. Beispiel: Die Eltern stehen nahe beieinander und die kleine Tochter schiebt sich zwischen sie und sagt: „Ich bin das Keil." Der Vater antwortet: „Du bist unsere liebe Tina und kannst hier mit uns zusammenstehen, du gehörst zu uns beiden." Niklas malt ein Haus mit zwei Leuten drin: „Mami und ich!" Sein Vater fragt: „Und wo bin ich?" Er malt ein Dreieck mit einem

Krickel in der Mitte: „Das bist du, du kriegst dies Zelt." Sein Vater: „Ich will aber nicht allein in einem Zelt sein." Der Kleine malt einen kleinen Punkt hinzu und sagt: „Du kannst das Baby haben, wenn es da ist!" Der Vater erklärt ihm, daß er und seine Frau als Paar zusammengehören, sie ihn beide sehr lieb haben und zusammen eine Familie sind. Wenn er groß sei, könne er auch eine Frau und Kinder haben.

Komplizierter für das Kind wird es, wenn jetzt ein neues Kind hinzukommt. Jan sagt zu seiner Mutter, die bald ein Kind erwartet, mitten in der Nacht: „Mich sollst du auch behalten!" Es muß seinen Platz in der erweiterten Familie neu finden und sich mit dem Rivalen auseinandersetzen.

Manchmal empfindet es unvermittelt Angst und schreckt nachts auf. Seine Phantasie ist vermischt mit der Realität. Es befürchtet zuweilen, was es denkt, könnte wahr werden oder andere könnten ihm etwas „an der Nasenspitze ansehen" oder gar etwas von der Stirn ablesen.

Die Eltern haben jetzt noch immer die Aufgabe, mit allen Ich-Zuständen verfügbar zu sein, aber sie teilen in den meisten Fällen diese Aufgabe mehr und mehr mit anderen Menschen wie Kindergärtnerinnen, Gruppenleitern, Eltern der anderen Kinder und den Spielkameraden in der Wohngegend. Diese Einflüsse sind erleichternd und wichtig.

Die Eltern unterstützen aus ihrem ER heraus das Kind dabei, Realität von Phantasie zu trennen. Dazu gehört auch, andere daran zu hindern, dem Kind Unsinn zu erzählen. Wir erleben es häufig, daß Erwachsene den Kindern falsche Informationen geben: „Dir wachsen ja schon kleine Hörner, weil du so bockig bist!"

Anstatt zu sagen: „Du bist jetzt ärgerlich, weil du hier nicht wegwillst und du mußt trotzdem mitkommen, weil ich zum Zahnarzt muß." Sie begründen ihre Maßnahmen und prüfen, ob sie nicht willkürlich, gedankenlos etwas fordern.

Die Eltern geben dem Kind Informationen über die Umwelt, um ihm die Orientierung zu ermöglichen.

Wesentlich ist es auch, daß die Eltern das Kind korrigieren, wenn es falsche Verknüpfungen aufnimmt oder selbst herstellt: „Leider bin ich dumm, weil ich noch so klein bin, sagen die großen Jungs." Oder: „Wenn er erstmal aus dem dummen Alter raus ist." Solche Vorurteile finden wir erst recht bei den Geschlechtsrollenvorstellungen: „Männer haben keine Angst." „Heul nicht wie ein Mädchen." Hier können die Eltern dem Kind ermöglichen zu lernen, daß alle Gefühle ihre Berechtigung haben, daß das andere Geschlecht und das eigene in Ordnung ist.

Die Eltern nehmen das Kind ernst und gehen auf Kompromißvorschläge des Kindes ein, wenn es möglich ist und zeigen ihm damit auch, wie man durch Nachdenken Probleme löst.

Das Kind braucht Schutz, Fürsorge und Korrekturen aus dem Eltern-Ich. Eltern setzen Grenzen aus dem kritischen Eltern-Ich, manchmal auch gegenüber anderen: „Er ist nicht dumm. Merk dir das!"

Sie vermitteln dem Kind, daß es Hilfe und Begleitung der Eltern haben kann, auch wenn es schon vieles allein machen kann. Sie schmusen und kuscheln mit ihm, wenn es dazu aufgelegt ist und wählen dafür den rechten Zeitpunkt. Das Kind lernt, daß Zärtlichkeit und liebevolle Berührung unser ganzes Leben lang, auch wenn wir groß sind, schön und wichtig sind.

Sie lassen dem Kind Zeit bei der Suche nach sich selbst. Sie hänseln das Kind nicht, wenn es plötzlich wie die Nachbarstochter die Nase kräuselt und mit hoher Stimme spricht. Es probiert Rollen aus, identifiziert sich manchmal auch einen ganzen Tag lang mit einem Lieblingstier und wird ärgerlich, wenn man vergißt, daß es gerade ein kleines Kaninchen ist.

Mit ihrem Kind-Ich können die Eltern viel Spaß mit ihren Kindern haben, sie können in seinen Rollenspielen mitwirken und selbst dem Kind Spiele vorschlagen, die sie gern spielen. Sie können mit Humor mit dem Witz des Kindes gehen und das Geschenk, Kinder haben zu dürfen, genießen. Wenn sie Gute-Nacht-Geschichten aussuchen, können sie selbst neue Anregungen für ihr eigenes Kind-Ich entdecken und sich verzaubern lassen und in die Lieblingsmärchen ihrer Kinder oder ihrer eigenen Kindheit eintauchen.

ALTERSSTUFE 6–12 JAHRE

Mit dem Schulalter entfernt sich das Kind länger und häufiger von seiner Familie. Es hält sich öfter bei Freunden auf und schließt sich für viele Stunden Gleichaltrigen-Gruppen an. Es hat sich in den vorangegangenen Jahren an die Regeln und Erwartungen seiner Eltern gewöhnt und macht allein unter fremden Menschen die Erfahrung, daß diese Regeln nicht überall die gleiche Bedeutung haben wie zu Hause. Die Verhaltensanweisungen in der Schule sind absolut bindend und es gibt viel mehr als in der Familie.

Dies ist die Zeit, in der das Kind sein Eltern-Ich auszubilden beginnt.

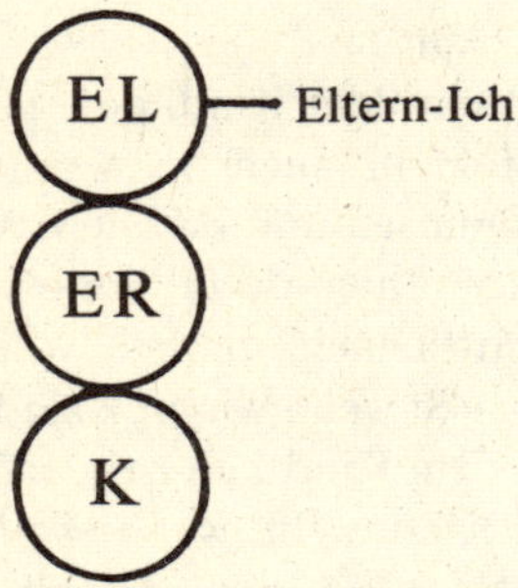

Das Eltern-Ich wird in einem jahrelangen Prozeß aufgebaut, verändert und ergänzt aus den Erfahrungen, die wir mit der Umwelt und vor allem mit Autoritätspersonen und uns wichtigen Menschen machen. Je mehr unterstützende, unser Selbstbewußtsein stärkende Botschaften wir speichern können, desto wirksamer ist der Schutz, den das EL für uns bedeuten kann. Auch kritische Botschaften helfen uns, uns zu orientieren.

Das Kind nimmt jetzt nicht mehr Vorschriften und Verbote einfach hin, es experimentiert mit ihnen und beobachtet, was passiert, wenn es sich eigene Regeln setzt, fremde ignoriert, darüber diskutiert oder sie bekämpft. Manchmal sind die Debatten fruchtbar, die Familie fühlt sich angeregt und bereichert und oft sind die Debatten, wenn sie sich wiederholen und nicht zu Lösungen führen, auch entnervend. Bei dem raschen Wandel unserer Lebensbedingungen brauchen unsere Kinder ein flexibles EL, um zurechtzukommen. Wir brauchen nur an den Verfall unseres Wissens über gesunde Nahrung zu denken. Wir können nicht mehr nur auf den Vitamingehalt achten, wenn wir uns gesund ernähren wollen, wir müssen in erster Linie auf den Schadstoffgehalt sehen. Ein Siebenjähriger sagte auf der Straße kürzlich zu seinem Freund, der beim Spielen Wurzeln knabberte: „Meine Mutter sagt, die sind giftig!"

Die Kinder testen noch mehr als bisher andere Menschen. Sie setzen sich mit ihnen auseinander, lassen es auf Kraftproben ankommen. Die vielen in der Literatur bekannten Geschichten um Kinderstreiche sind ein Beispiel dafür.

Sie verteidigen ihre von anderen abweichende Meinung und ihre eigene Art, Dinge zu tun, die andere auch übernehmen sollen. Sie entdecken Liebhabereien, eignen sich selbständig Kenntnisse und Fertigkeiten an. Sie schaffen sich ihren eigenen Bezugsrahmen und können sich damit eher von der Familie abgrenzen und unabhängiger werden. Sie haben Spaß an vielen Aktivitäten, die sie mit Spielgefährten zusammenbringen.

In anderen Familien beobachten die Kinder sehr genau, was andere tun und wertschätzen und teilen manchmal ihr Erstaunen mit, wenn sie von woanders heimkommen. Ein Junge kommt von seiner Schulfreundin nach Hause und erzählt: „Die Tante von Maria war verreist und hat aus dem Hotel ein Sahnekännchen geklaut. Als sie das erzählte, haben alle gelacht!" Er fragt, ob das nun Diebstahl sei oder nicht. Seine Mutter erklärt ihm, daß das Mitnehmen von solchen angeblichen „Erinnerungsstücken" Diebstahl und nicht in Ordnung sei.

Kinder machen die Erfahrung, daß innerhalb der eigenen Familie oder in fremden Familien unterschiedliche Regeln gelten. Der Vater duldet die Unordnung, die die Kinder im Wohnzimmer veranstalten und die Mutter sagt: „Ihr könnt ja beim Vater Unordnung machen, ich habe es lieber ordentlich, wir sind da verschiedener Meinung."

Die Kinder versuchen auch, mit den Gepflogenheiten anderer Familien eigene lästige Regeln zu verändern, indem sie den Eltern Vorwürfe machen, sie schlagen neue Regeln vor oder bestätigen die Familienabsprachen. Sie regen dadurch manchmal die Eltern an, ihre Familiennormen neu zu überdenken und sie dem Entwicklungsstand der Familie anzupassen. Wenn die Eltern sich auf Diskussionen einlassen, können alle die Erfahrung partnerschaftlicher Problemlösung machen. Sie können die Kinder selbst beurteilen lassen, wie gut es wohl sein mag, statt Mittagessen Eiscreme zu essen.

„Ulla darf eine ganze Familienpackung Eiscreme essen, statt dieses langweiligen Mittagessens, wenn ihre Mutter etwas kocht, was sie nicht mag! Das möchte ich auch mal dürfen."

„Joachims Eltern haben eine Pinnwand im Flur hängen und wenn niemand zu Hause ist, kann er einen Zettel mit einer Nachricht dranhängen, damit jeder weiß, wo er gerade ist. Könnten wir nicht auch solche Pinnwand haben?"

„Johannas Familie setzt sich regelmäßig zusammen und bespricht, was die einzelnen Familienmitglieder verändern möchten, wenn sie Probleme haben. Jeder darf Vorschläge machen und seine Meinung sagen, das hätte ich auch gern. Mir gefällt nämlich schon lange nicht mehr, daß wir uns immer streiten, wenn es um die Ämter geht."

„Bei Körners reden alle durcheinander, da bin ich doch froh, daß wir abgemacht haben, daß sich niemand einmischen darf, wenn zwei sich streiten. Auch wenn es mir manchmal schwerfällt."

„Alle anderen Kinder in meiner Klasse dürfen abends fernsehen, nur ich nicht!"

Wenn die Eltern darauf eingehen, können die Familienmitglieder partnerschaftlich an der Veränderung und Erweiterung der Absprachen arbeiten, die ihnen das Leben angenehmer machen sollen und den Kindern durch Begründungen einsichtig machen, an welchen Regeln festgehalten werden soll.

Mit dem zunehmenden Freiraum des Kindes bekommen auch die Eltern mehr Zeit für sich selbst.

Sie stellen ihr ER dem Kind noch immer zur Verfügung:

Als Partner ihrer Kinder in den Debatten, in denen es um Klärung von Sachverhalten geht und sie vermitteln dem heranwachsenden Kind Methoden zum Analysieren von Regeln und ein Modell für kritisches Denken. Sie untersuchen selbst die bestehenden Familienvereinbarungen und prüfen, welche noch wichtig sind und welche aufgegeben und verändert werden müssen, weil sich die Familie mit dem Heranwachsen der Kinder, den wechselnden Umweltbedingungen und den sich verändernden Eltern umstellen muß.

Sie helfen dem Kind, Phantasie und Wirklichkeit zu unterscheiden und lassen es z. B. wahrnehmen, wenn es unrealistische Vorstellungen hat. Sie weisen das Kind auf Zusammenhänge wie Ursache und Wirkung hin, damit das Kind erkennt, wann es Verantwortung hat. Sie billigen dem Kind seine eigene Meinung zu und erkennen an, wenn es besser informiert ist als sie oder etwas besser kann.

Mit ihrem eigenen Kind-Ich brauchen sich die Eltern nicht mehr, außer in schwierigen Situationen, in das Kind einzufühlen, sie können es nach seinen Gefühlen fragen, und es kann lernen zu erbitten, was es braucht.

Mit ihren Kindern zu spielen, kann auch für die Eltern ein entspannendes Vergnügen sein. Die Kinder spielen gern Gesellschaftsspiele im Freien und toben gern mit Erwachsenen, wenn sie nicht gerade mit ihren Freunden unterwegs sind. Viele Spiele können die Kinder besser als die Eltern spielen und sie erleben sich hier kompetent. Zu ihrem Selbstbewußtsein trägt besonders bei, wenn sie von ihren Eltern bewundert werden.

Aus dem El der Eltern und anderer Erwachsener braucht das Kind Schutz, um seinen Weg zu finden, um sich von der Familie zu entfernen, sich anderen, auch anderen Familien anzuschließen. Es braucht die Gewißheit, daß es weggehen kann und gerngesehen ist, wenn es wiederkommt. Die Eltern nehmen sich zurück, um dem Kind zu ermöglichen, seine Angelegenheiten selbst zu regeln, wie rechtzeitiges Aufstehen, Erledigung der Schulaufgaben, einen Anruf beim Freund, dessen Mutter ihn zur Schule mitnehmen soll usw. Je mehr die Erwachsenen ihre Kontrolle zurücknehmen, desto mehr kann sich das Kind selbst kontrollieren und Verantwortung übernehmen. Der Ablösungsprozeß der Kinder wird dadurch gefördert, und die Eltern lassen Schritt für Schritt los. Liebevolle Zuwendung ist natürlich auch jetzt wichtig, auch Körperkontakt. Gut ist es, wenn die Eltern darauf achten, was den Kindern angenehm ist und was sie nicht so gern mögen und vor allem, wann sie es mögen.

Sie können, statt die Kinder zu kritisieren, die Kinder selbst beurteilen lassen, ob ihr Handeln in Ordnung ist oder nicht: „Stell' dir vor, du wärest Hans und wirst von Martin angelogen, weil er dich nicht mithaben will, wie fühltest du dich?“

ALTERSTUFE 13–19 JAHRE

Die Jugendlichen haben jetzt alle drei Ich-Zustände entwickelt und haben die Aufgabe, diese auszubauen und so einzusetzen (wir sagen: mit Energie besetzen), daß sie fähig werden, sich selbst zu versorgen und erwachsen zu handeln. Das bedeutet, daß die jungen Menschen Probleme im Umgang mit sich und anderen lösen und ihren eigenen Bedürfnissen gerecht werden können. In dieser Zeit erleben die Heranwachsenden intensive, ja manchmal sogar dramatische Gefühle, ähnlich wie auch das Aufbrechen ihrer Kindheitssymbiose mit Wut, Trauer, Schmerz und Angst verbunden war. Außerdem treten starke körperliche Veränderungen bei ihnen auf. Sie wachsen, einige schießen geradezu in die Höhe, die Geschlechtsreife bringt unangenehme Körpergefühle, Spannungen, ja Schmer-

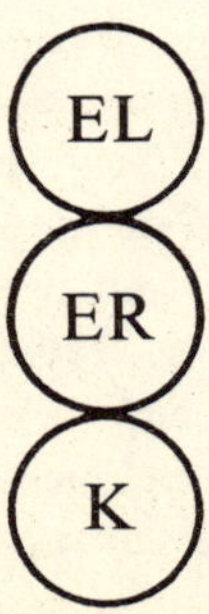

zen mit sich. Ihre Gefühle werden heftig und sie erleben ihnen bis dahin unbekannte Regungen und Sehnsüchte, die in ihrer Stärke erheblich schwanken und sie beunruhigen. Einige leiden unter Gewichtszunahme und viele unter Akne, und sie fühlen sich in ihrer äußeren Erscheinung nicht mehr sicher. Auch wenn sie schön sind, nehmen sie dies großenteils nicht wahr.

Die Sexualität nimmt sie sehr in Anspruch, sie sehen andere vordergründig unter diesem Aspekt. Sie versinken in Tagträume, als Fluchtmöglichkeit zur Entlastung, zur Vorwegnahme von Erfahrungen in der Liebe, die sie noch nicht gemacht haben, oder um sich die Zukunft vorzustellen. Sie suchen in Freundesgruppen Aufklärung über Erfahrungen mit Sexualität und auch Bestätigung und Unterstützung für ihre ersten „Experimente" auf diesem Gebiet.

Ihre Situation fordert von ihnen zunehmend Entscheidungen, für die sie kaum eine Grundlage haben, z. B. wie sie mit ihren sexuellen Bedürfnissen umgehen wollen und können. Auch wenn sie in der Schule aufgeklärt werden, sind sie bei ihren Entscheidungen oft ratlos. Zu Hause ist in den meisten Fällen das Thema noch immer eher unerwünscht, als daß es offen besprochen werden kann. Sie wissen nicht, wie es ist, ein Mann oder eine Frau zu sein.

Wieder fragen sie: Wer bin ich? Wer werde ich sein? In unserer gegenwärtigen Gesellschaft und darüber hinaus in der Welt gibt es so viele bedrängende Probleme, daß zu ihren innerlichen Entwicklungskrisen massive von außen bedingte hinzukommen. Die Arbeitslosigkeit, der Berufswandel (ganze Berufe verschwinden, neue tauchen auf) bedingen neue Bewertungen der Schulabschlüsse und Ausbildungsplätze. Mit der Arbeitslosigkeit sind auch Unsicherheiten in Bezug auf die Partnerschaft verbunden. Zur Selbstfindung trägt die Wahl des Berufes, den man ergreifen möchte, ebenso bei wie die Möglichkeit zu arbeiten.

Die Jugendlichen müssen, um einen eigenen Standpunkt einnehmen zu können, eigene Wertvorstellungen entwickeln, erproben und dann für sich durchsetzen. Das tun sie häufig rebellisch wie Kleinkinder, indem sie sich z. B. weigern, den Forderungen anderer nachzukommen und mit anderem negativistischen Verhalten wie Nörgeln und Wutausbrüchen.

Sie schießen oft übers Ziel hinaus und vertreten ihren Standpunkt ohne jede Kompromißbereitschaft. Das ist auch in Familien so, in denen viel verhandelt wird. Sie brauchen dies Verhalten offenbar, um sich abzugrenzen und den Absprung in die Unabhängigkeit zu schaffen. Diese Querelen machen es allen Beteiligten leichter, an Trennung zu denken. Die gelegentlichen Bekundungen: „Ich zieh' aus"! oder „Zieh' doch bloß aus!" sind unserer Meinung nach realistische Vorbereitungen auf die Trennung. In ihrer Selbsteinschätzung schwanken die Heranwachsenden zwischen Selbstüberschätzung und Schüchternheit oder Verlegenheit. Sie testen andere sehr genau und empfindlich. Sie wollen ernstgenommen werden. Sie überprüfen ihr EL und trennen sich von Urteilen und Vorurteilen ihrer Eltern. Ob es ihnen dauerhaft gelingt, hängt mit ihrer Willensstärke, ihren Umwelteinflüssen und der Wirksamkeit ihrer neuen Werte und Regeln zusammen.

Sie engagieren sich in unterschiedlichen Aktivitäten und wechseln diese zur Verblüffung ihrer Umwelt unversehens. So wurde ein 17jähriger nach einer langen Phase „stillen" Funkens in seiner einsamen Dachstube, zurückgezogen von seiner Familie, zum geselligen Partyveranstalter und bald danach zum Fußballfan. Eine 16jährige, die nach ihrem Schulabschluß jeden Tag eifrig kochte und Rezepte ausprobierte, schmiß buchstäblich das (Küchen-)Handtuch: „Meine Familie verschlingt mich, wenn ich nicht aufpasse!" Danach tauchte sie in einen neuen Freundeskreis ein und kam abends spät nach Hause, ohne die besorgten Eltern zu benachrichtigen.

Diese Zeit ist gekennzeichnet durch viele Widersprüche, die Ängste und Aggressionen hervorrufen. Das Bedürfnis der Heranwachsenden nach Zuwendung und nach Zärtlichkeiten, die sie bekommen, können sie manchmal schwer von sexuellen Gefühlen trennen. Sie lehnen sich an eine/n Partner/in an, weil sie Schutz und Liebe suchen.

Sie sollen und wollen unabhängig und selbständig werden und gleichzeitig wollen sie abhängig sein. Den Forderungen nach Unabhängigkeit steht ihr Geldmangel entgegen und die hier üblichen langen Ausbildungszeiten.

Sie werden zu Menschen mit sexuellen Bedürfnissen, wohnen zu Hause und werden von ihren Eltern ernährt. Vielen Eltern fällt es schwer, ihren Kindern einen Freiraum in ihrer Familie zu gewähren, in dem sie geschützt auch ihre sexuellen Bedürfnisse einüben können.

Hierfür haben viele Eltern kein Elternverhalten gelernt, weil sie keine oder veraltete Vorbilder haben.

Damit verbunden ist auch die Problematik der Verhütung. Jugendliche mögen unter Umständen nicht zur Frauenärzt/in gehen, um sich fachkundig beraten zu lassen.

Zu den sexuellen Gefühlen gehören auch Verliebtheit, Begeisterung und leider auch Verzweiflung und Liebeskummer. Die Jugendlichen fragen sich, ob sie liebenswert sind, eine Partnerschaft finden werden und wann der richtige Zeitpunkt dafür ist.

Die Eltern haben eine aufregende Zeit, wenn sie die Kinder noch sehr festhalten. Familien, die entspannt und gleichberechtigt miteinander leben, ernten jetzt die Früchte der Toleranz. Sie haben Streitfragen in früheren Jahren geklärt und gehen auf der Basis gegenseitiger Vereinbarungen wohlwollend miteinander um.

Die Eltern haben immer noch Schutzfunktion und Versorgungsaufgaben, bis die Heranwachsenden Geld verdienen und ausziehen können (bis 18 Jahre).

Sie stellen noch für wenige Jahre einen Schutzraum zur Verfügung, der den Jugendlichen das Einüben von Unabhängigkeit und Eigenständigkeit ermöglicht. Sie lassen sie wissen, daß sie sich von zu Hause absetzen können und auch willkommen sind, wenn sie wiederkommen. Die Eltern zeigen ihnen, daß sie sich über ihr Erwachsenwerden freuen. Sie erkennen an, daß die Kinder mehr und mehr ihren eigenen Bezugsrahmen, ihre eigene Sicht der Dinge oder die Sicht einer Gruppe, der sie sich angeschlossen haben, entwickeln. Sie ist meistens abweichend von dem Wertsystem der Eltern, oft zunächst geradezu entgegengesetzt.

Sie müssen anerkennen, daß die Kinder sexuelle Wesen sind und vor allem ein Recht auf ihre sexuellen Gefühle haben und auf der Suche nach Wegen sind, diese auszuleben.

Auf Wunsch können die Eltern den Kindern Berater sein und mit ihren Kindern wichtige Lebensfragen diskutieren. Sie können den Jugendlichen vorleben, daß es seine Ordnung hat, wenn sie ihre eigenen Wege gehen, indem auch sie sich neu einstellen auf ihre Partnerschaft und sich vornehmen, mehr ohne die Kinder zu unternehmen. Eine 16jährige stöhnte bei ihrer Freundin: „Ich habe es so satt, der Lebensinhalt meiner Mutter zu sein. Ich wage mich kaum weg ohne Schuldgefühle!" Jetzt können Mütter auch noch berufliche Pläne verwirklichen oder sonst etwas tun, was ihnen sinnvoller erscheint als reine Freizeitgestaltung. Ich habe noch einmal studiert, als meine Töchter Teenager waren.

Mit ihrem Erwachsenen-Ich können die Eltern feststellen, was sie den Kindern an Erleichterungen und Unterstützung geben wollen und wann es besser ist, sie mehr Verantwortung tragen zu lassen. Übermäßige finanzielle Zuwendungen und Fürsorge, wie waschen, bügeln und kochen, auch wenn die Jugendlichen schon ausgezogen sind, binden die Kinder. Dann kommt es zu solchen Äußerungen: „Ich würde meiner Mutter geradezu was antun, wenn sie meine Wäsche nicht pflegen dürfte." Oder: „Ich kriege es nie im Leben wieder so gut wie jetzt!" Dieser Satz wirkt geradezu hypnotisch gegen Ablösung. In solchen Fällen vermeiden beide Seiten den Schmerz der Trennung.

Von den aufregenden Kämpfen um alles und jedes in der Familie in diesen Jahren sind nicht alle unvermeidbar. Die Familienmitglieder können sich zur Gewohnheit machen, genaue Absprachen zu treffen und sich daran zu halten. Es kann schon Spaß machen, sich zusammenzusetzen und zu beraten. Viele Themen sind dann keine Streitfragen mehr. Dabei geht es hauptsächlich darum, Kompromisse auszuhandeln und da, wo sie nicht gefunden werden, nachzugeben. Beide Seiten können davon lernen. Wenn Eltern nicht wollen, daß in ihrer Wohnung geraucht wird, gibt es keine Alternative. Das beste Mittel gegen die Suchtgefahren für die Jugend ist die Wirkung ihrer nicht suchtanfälligen Vorbilder. Es soll Lehrer geben, die sich für ihre Glaubwürdigkeit bei ihren Schülern des Rauchen abgewöhnt haben.

Zu der Verantwortung, die Heranwachsende übernehmen können, gehört die selbständige Anschaffung von Kleidung. Mehrere Eltern haben bereits Erfolg damit gehabt, ihren Kindern einen bestimmten Betrag im Jahr für Kleidung anzuvertrauen. Diesen Betrag würden die Eltern auch sonst für die Kleidung ihrer Kinder ausgeben. In den meisten Fällen kaufen die Kinder sehr bewußt ein. Das Geld ist kein erhöhtes Taschengeld, es darf nur für Kleidung ausgegeben werden.

Eltern können die Ängste der Heranwachsenden mildern, wenn sie ihnen vermitteln, daß Unabhängigkeit, Erwachsensein, sexuelle Erfüllung anstreben durchaus vereinbar ist mit nach Hause kommen, sich verwöhnen und gernhaben lassen!

Eltern können lernen, es hinzunehmen, daß sie nicht mehr unbedingt die wichtigsten Personen im Leben ihrer Kinder sind und daß diese auch andere enge Beziehungen haben können, an denen sie wachsen.

Themen für die oben erwähnten lebenserleichternden Absprachen sind: Wann kann die Lieblingsmusik in voller Lautstärke gehört werden? – Wie unordentlich und schmutzig darf ihr Zimmer sein? – Speiseplan, jeder darf abwechselnd einen Essenswunsch verwirklichen – Wer kocht wann? – Wer wäscht? – Wer entfärbt die verfärbte Wäsche? – Wie viele Freunde dürfen wir zum Abendessen mitbringen? Unter welchen Umständen darf ich hier mit meiner Freundin schlafen? Wann müssen Kinder unter 16 Jahren abends nach Hause kommen? Wer holt sie ab, wenn sie zur späten Party eingeladen sind? – Wieviele Mahlzeiten wollen wir gemeinsam einnehmen? –

Die Schulfragen sind kein Thema mehr, die Eltern haben die Verantwortung dafür ihren Kindern übergeben, als sie noch jünger waren. Höchstens noch die Frage: „Ich habe ein Schulproblem und möchte Eure Hilfe haben! Wer macht mit mir Mathe?“

Die Gewöhnung an die verbindlichen Absprachen kann den

eventuellen Umzug in eine Wohngemeinschaft sehr erleichtern.

Wir haben hier jetzt die Bedingungen von Eltern-Kind-Beziehungen vorgestellt, wie sie im Idealfall in gutfunktionierenden Familien annähernd möglich sind. Die besonderen Schwierigkeiten stellen wir in den Kapiteln 4 und 5 dar.

Es gibt aber Belastungen in unserer Zeit, die in den meisten Fällen alle Menschen treffen. Sie erschweren das Jungsein! Und sie schaffen extreme Schwierigkeiten für die jungen Menschen, die die nächste Generation hervorbringen werden und für sie sorgen müssen.

Da ist zuerst die Arbeitsmarktlage, die den Jugendlichen in großer Zahl nicht ermöglicht, zu werden, was sie möchten, oder überhaupt zu arbeiten, was sich wie seelische und körperliche Verletzung auswirkt und oft in Depression endet. Das Kind-Ich der Jugendlichen wird derart frustriert wie bei denen, die sinnentleerte Arbeit verrichten müssen und sich damit quälen. Dies kann nicht zu Identität und Stabilität der Person führen.

Damit ist es nicht genug. Die Gegenwart ist düster und die Zukunft noch mehr, wenn wir an die zerstörte Umwelt und unsere verseuchte Nahrung denken. Entmutigend ist auch die Ohnmacht der Mahner, derjenigen, die dieses ändern möchten. Und dann droht über allem noch die uns umgebende Gewalttätigkeit in Form des Rüstungswahnsinns, der Mordszenen in den Medien und der immer noch unter Wachstums- und Wirtschaftsgesichtspunkten fortschreitenden Vermarktung der Unmenschlichkeit (Videotechnologie z. B.).

Wir glauben, daß wir hier eine Aufgabe zu erfüllen haben, daß wir mit Geist, Seele, Verstand und Kreativität ausgestattet sind, um diese Aufgaben anzupacken und dazu beizutragen, daß die schrecklichen Vorhersagen über die Zerstörung der Erde sich nicht erfüllen werden. Das zu vermitteln ist Aufgabe der Eltern.

2.3 Übungen, mit denen wir den Persönlichkeitsanteilen auf die Spur kommen

0–6 MONATE

Stellen Sie sicher, daß Sie mindestens 30 Minuten Ruhe haben und daß Sie niemand stört. Dann legen Sie sich hin und lassen sich ganz in die Unterlage einsinken ... warten Sie, bis Sie ganz ruhig geworden sind ... und nun stellen Sie sich vor, Sie haben sehr liebevolle Eltern ... die, die Sie haben wollen ... Sie sind gerade geboren und beide sind da ... Sie werden liebevoll versorgt und gestreichelt ... Sie fühlen, wie Ihr Rücken sanft berührt und gerieben wird, vor allem unterhalb des Nackens ... vorsichtige Finger zeichen Ihr Gesicht nach ... und streichen über Ihre Stirn ... Ihr Vater sagt etwas zu Ihnen ... die Stimme Ihrer Mutter flüstert Ihnen etwas ins Ohr ... Sie verstehen nichts, aber Sie fühlen sich gut und geborgen ... Sie liegen ganz sicher da ... Sie werden beschützt ... alles wird für Sie gemacht ... andere denken und sorgen für Sie ... Sie wissen, was Sie brauchen. Das Licht ist gedämpft und Sie sind in Wärme eingehüllt ... Sie bekommen das alles, weil Sie da sind, so wie Sie sind.

Wenn Sie zurückkehren aus dieser Phantasie, nehmen Sie wahr, wer Sie jetzt sind, spannen Sie sich wieder an, recken Sie sich.

Eltern von so kleinen Kindern können diese Übung abwechselnd machen und sich langsam den Text gegenseitig vorlesen. Sie können sich den Text auch selbst in Gedanken sagen, wenn niemand da ist oder ihn auf eine Kassette sprechen.

Wenn Sie Schwierigkeiten haben, können Sie auch sanfte leise Musik dazu hören. Wenn Sie die Übung oft wiederholen, wird Sie Ihnen besser und besser gelingen. Sie können daraus Kraft schöpfen und Anregungen für Ihr Baby und andere Menschen, die Ihnen wichtig sind.

6–18 MONATE

Sie können diese Übungen in der ganzen Familie oder mit Gruppen von Freunden machen.

1. Setzen Sie sich auf den Fußboden mit zwei oder mehreren Personen. Die Person, die üben will, läßt sich die Augen verbinden. Die anderen haben die Verantwortung, daß sich die übende Person, nennen wir sie A, nicht stößt oder irgendwie verletzt.

Jetzt streuen Sie viele unterschiedliche Gegenstände, kleine und große, um A herum auf den Boden. Sie können sie ihr auch in die Hand geben. Die Gegenstände müssen in den Mund oder an den Mund genommen werden können. A konzentriert sich nur auf das Fühlen. Wie fühlt sich ein Stein in der ganzen Hand an, wie ist die Oberfläche, wenn ich darüber streiche? Gegenstände scheinen unterschiedliche Temperatur zu haben, sie haben unterschiedliches Gewicht. A kann in einem Kasten wühlen und Gegenstände heraus nehmen, mit den Lippen berühren, mit der Zunge betasten. Unterhalten sie sich hinterher darüber:

Was erlebe ich, wenn ich mich nur auf das Befühlen mit Mund und Händen konzentriere?

Wie fühle ich mich, wenn andere für mich denken und dafür sorgen, daß ich, ohne mich um meine Sicherheit kümmern zu müssen, Erfahrungen machen kann? Wenn ich die Gelegenheit bekomme, recht viele unterschiedliche Sachen anfassen zu können?

Danach können Sie die Rollen wechseln. Einige von Ihnen holen vielleicht etwas nach, was sie versäumt haben?

2. *Selbstbeobachtung:*

Zählen Sie zwei Tage lang, indem Sie Zettel und Bleistift mit sich herumtragen, wie oft Sie „Nein!“ zu Ihrem Kind sagen.

18–36 MONATE

Suchen Sie sich einen ruhigen Platz und sorgen Sie dafür, daß Sie nicht gestört werden. Warten Sie, bis Sie entspannt daliegen, nachdem Sie sich hingelegt haben …

Stellen Sie sich vor, Sie sind ein Kind und kommen vom Spielen nach Hause ... Sie sind ganz außer sich vor Zorn, weil Ihnen ein anderes Kind Ihr Spielzeug weggenommen hat. Zu Hause sind mehrere Verwandte zu Besuch, die Ihrer Familie nahestehen, wie Großeltern, Onkel und Tante ... Jeder von ihnen sagt etwas zu Ihnen über Ihre Wut ... Was sagt Ihr Vater ... Was sagt Ihre Mutter ... was sagt jeder einzelne von ihnen ...?

- Wie fühlen Sie sich, nachdem Sie das gehört haben?
- Welche Schlußfolgerungen ziehen Sie über das Gefühl Ärger?
- Was beschließen Sie in Zukunft zu tun, wenn Sie sich ärgern?
- Wie reagieren Sie heute auf den Ärger Ihres kleinen Kindes?
- Was löst sein Ärger in Ihnen aus?

3–6 JAHRE

1. Setzen Sie sich mit Ihrem Partner und eventuell Ihren Kindern oder Wohngemeinschaftsmitgliedern, Ihrer Kinderfrau zusammen und stellen Sie sich vor, Sie seien Kinder zwischen drei und sechs Jahren. Benutzen Sie die Sprache Ihrer Kinder und keine Fremdwörter. Unterhalten Sie sich darüber, was Ihnen an Ihrer Familie gefällt und nicht gefällt und vor allem, was Sie gern hätten. Lassen Sie alle zu Wort kommen, streiten Sie wie Kinder alle miteinander.

Eine Abwandlung kann sein, daß Sie alle gleichzeitig ihren Ärger lautstark sagen.

Bei dieser Übung müssen sich alle gleichermaßen sicher fühlen. Niemand darf anderen Vorwürfe machen über das, was er gesagt hat.

Sprechen Sie darüber, was jeder dabei erlebt hat und wie Sie sich hinterher fühlen.

2. Stellen Sie sich vor, Ihr Kind spielt mit Nachbarskindern „Doktor“. Sie sehen das aus einiger Entfernung, die Kinder sind bei Ihnen im Garten.

a) Was sagen Sie aus Ihrem K?
b) Was sagt Ihr EL?
c) Was sagt Ihr ER?
Was saen die Eltern der anderen Kinder? Was sagen die Nachbarn?
Wie wollen Sie reagieren?
Was hätten Ihre Eltern zu Ihnen gesagt?

6–12 JAHRE

1. Nehmen Sie sich Zeit, sich entspannt hinzusetzen oder zu legen ... warten Sie, bis Sie ruhig geworden sind ... denken Sie an eine Auseinandersetzung mit Ihrer Tochter/Ihrem Sohn, die im fraglichen Alter sind ... Sie wollen etwas durchsetzen, was die Kinder nicht wollen ... oder umgekehrt ... Rufen Sie sich die Szene genau ins Gedächtnis zurück ... was Ihre zugrundeliegende Auffassung wenn Sie Ihrem Kind sagten: „Du sollst oder sollst nicht ...“ Wenn Sie daraus eine Regel machen würden, wie hieße sie?
In unserer Familie möchte ich: . . . .
In unserer Familie möchte ich nicht: . . . .
Was sagt dazu Ihr K?
Was sagen Sie im EL?
Was sagen Sie im ER?
Kennen Sie die Regel von früher?

2. Selbstbeobachtung:

Achten Sie nur darauf, was Ihr Kind gut macht und auf die Art, wie Sie ihm zeigen, daß sie es gut finden. Lassen Sie für zwei Beobachtungstage alle anderen Äußerungen über seine Handlungen weg.

3. Achten Sie darauf, ob Ihr Kind innerhalb einer Woche Dinge zu Ihrer Zufriedenheit macht und wieviele es sind.

13–19 JAHRE

1. Phantasie-Übung:

Diese Übung können Sie entweder auf eine Cassette sprechen oder sich langsam von Ihrem Partner vorlesen lassen, wobei Sie bei den Pünktchen eine Pause machen. Sie können diese Übung auch gemeinsam machen. (Dieser Vorspann gilt auch für die folgenden Phantasieübungen.):

Legen Sie sich entspannt hin, atmen Sie langsam und ruhig und schließen Sie am besten Ihre Augen ... unvermeidliche Geräusche von außen beziehen Sie in Ihre Phantasie mit ein ...

Und jetzt stellen Sie sich vor, Ihre Tochter oder Ihr Sohn verläßt das Elternhaus ... er/sie ist gut vorbereitet auf diesen Tag ... Sie haben ihr/ihm Möglichkeiten gegeben, im Schutz des Elternhauses erwachsen zu werden ... verantwortlich zu handeln ... Selbstvertrauen zu entwickeln ... mit sich selbst und anderen gut umzugehen ...

Wie fühlen Sie sich bei dieser Vorstellung ...? Lassen Sie Ihre Gefühle aufsteigen ...

Diese Übung können Sie zu verschiedenen Zeiten machen, wenn die Kinder größer werden oder wenn Sie Probleme mit ihnen haben. Vielleicht kommen Sie dabei mit wichtigen Gefühlen in Berührung.

2. Gehen Sie zurück in Ihre Jugend ... und stellen Sie sich Ihren Abschied von Ihren Eltern vor, als wenn er jetzt stattfände ... Wie ist es für Sie ... sind Sie gut vorbereitet auf diesen Schritt ... wie sind die Umstände Ihres Weggehens ... ermutigen Ihre Eltern Sie ... halten sie Sie eher zurück ... oder lassen sie Sie einfach so gehen? ... Was fühlen Sie ... rufen Sie sich ins Gedächtnis, was Ihnen nicht gefallen hat ... und denken Sie an das, was schön war mit Ihren Eltern ... nehmen Sie Abschied von Forderungen und Ansprüchen an sie ... und von Ihrem Kindheitsgroll, wenn Sie noch welchen fühlen.

3. Wenn Ihre Eltern für Sie schwierig waren, dann stellen Sie sich jetzt vor, Sie hätten die Eltern, die Sie sich wünschten ... und stellen Sie sich Ihren Abschied vor, wie Sie ihn gern gehabt hätten ... Ihre Eltern sagen Ihnen, was Sie in dieser Zeit

nötig haben ... Sie machen Ihnen Mut ... glauben an Sie ... so wie Sie sind ... Stellen Sie sich dieses vor ... malen Sie sich die Situation aus ... Wie fühlen Sie sich ...?

4. Wenn Sie diese Übung gemacht haben, was beschließen Sie für den Abschied von Ihren Kindern ... machen Sie ihnen Mut ... dürfen sie wiederkommen ...?

Viele Familien haben Spaß daran, ritualisiert Familienrunden zu machen. Voraussetzung dafür ist, daß niemand anderen einen Vorwurf machen darf, wenn er/sie etwas gesagt hat, was ihm nicht gefallen hat. Hier sind Anregungen, Sie können neue erfinden:

- jeder sagt einzeln jedem in der Familienrunde, was er gern an ihr/ihm mag, ohne Einschränkungen.
- jeder sagt jedem nacheinander, womit er Schwierigkeiten bei ihr/ihm hat, z. B. Ich habe Schwierigkeiten, wenn Du ...
- Du kannst besonders gut ...
- Von Dir wünsche ich mir ... (etwas Gutes, eine Zärtlichkeit o. ä.)
- Ich habe mich gefreut über Dich, als Du ...
- Mir gefällt an mir ...

Alle diese Übungen können sehr glücklich machen und Klarheit bringen. Sie dürfen nicht zu Vorwürfen benutzt werden. Alle achten darauf!

3.
Jeder Mensch braucht Zuwendung

3.1 Positive Zuwendung hilft uns zu wachsen – negative schränkt uns ein

Nach unserem heutigen Wissen kommt jeder gesunde Mensch mit der Möglichkeit auf die Welt, sich zu einem glücksfähigen, selbstbewußten und sicheren Menschen zu entwickeln. Niemand wird mit der Bestimmung geboren, unglücklich und selbstunsicher zu sein.

Trotzdem geht es vielen Erwachsenen zumindest zeitweise so. Wir gehen davon aus, daß viele Menschen in der ersten Zeit ihres Lebens Erfahrungen machen, die sie unsicher, ängstlich und mit sich selbst unzufrieden machen.

Wir alle brauchen unser ganzes Leben lang Bestätigung dafür, daß wir leben, daß wir handeln. Diese Bestätigung nennen wir Zuwendung. Im Idealfall bekommt ein Kind, wenn es geboren wird, positive Bestätigung für sein Dasein. Es wird von liebevollen Eltern versorgt, die sich in es einfühlen und lernen, seine Bedürfnisse zu verstehen und zu erfüllen. Diese Zuwendung ist für das Baby lebensnotwendig. Es muß nicht nur warm, trocken, sauber und satt sein, sondern es braucht auch Kontakt, Ansprache und Berührung.

Auch wenn das Kind heranwächst und erwachsen wird, braucht es noch Zuwendung und Aufmerksamkeit. Die Art der Zuwendung, die der Mensch braucht, ändert sich, wenn er älter wird. Das Kind lernt sprechen und entfernt sich weiter von den Eltern. Liebevolle Worte und ein Blick werden genauso empfunden, wie eine Umarmung oder Streicheln. Hinzu kommt, daß die Zuwendung nun nicht mehr allein auf das Dasein bezogen ist, sondern auch auf ganz bestimmte Verhaltensweisen: „Oh, wie schön hast Du den Tisch gedeckt!“ „Mir gefällt, daß Du „nein“ gesagt hast.“ Diese beiden Formen von

Zuwendung, von Beachtetwerden, braucht jeder Mensch sein Leben lang, um sich lebendig zu fühlen.

Wenn ein Mensch allerdings keine positive Reaktion auf seine Existenz bekommt, bemüht er sich, wenigstens irgendeine Reaktion zu bekommen, auch wenn sie unangenehm oder schmerzlich für ihn ist.

Wenn Babies schreien, kann es sein, daß sie einfach Kontakt haben wollen; sie wollen berührt, getragen, geschaukelt werden. Sie wollen menschliche Nähe spüren. Jedes Kind findet sehr schnell heraus, wie es seinen Eltern gefällt und was es tun muß, um das zu bekommen, was es braucht.

Beispiel: Kinder, die nicht erwünscht sind oder die sich als störend erleben, können z. B. auf sich aufmerksam machen, indem sie „Mist machen". Es gibt Kinder, deren Mütter sich darüber beklagen, daß sie ständig aufpassen müssen, weil er oder sie etwas anstellt. Möglicherweise haben diese Kinder gemerkt, daß die Mutter sich am meisten mit ihm beschäftigt, wenn sie etwas kaputt oder schmutzig usw. machen.

Die Kinder bekommen also eine negative Antwort auf ihr Verhalten oder sogar auf ihre Person. Die Eltern schimpfen und bestrafen sie vielleicht sogar. „Du hast ja schon wieder ... Immer du ..." Jeder Mensch zieht aus der Art, wie er in der Kindheit Zuwendung erfahren hat, Schlußfolgerungen über sich selbst und seine Fähigkeiten. Jemand, der viel positive Zuwendung bekommen hat, wird sich selbst gerne mögen, sich für leistungsfähig halten, und er wird die Fähigkeit haben, andere Menschen zu akzeptieren und ihnen offen und vertrauensvoll entgegenzutreten.

Jemand, der mehr negative Antworten auf sein Verhalten und seine Person bekommen hat, wird sich selbst sehr kritisch und ablehnend gegenüberstehen. Er zweifelt häufig an seinen Fähigkeiten und ist mißtrauisch und eher verschlossen und abweisend anderen gegenüber.

Ein Erwachsener kann sich selbst die Zuwendung geben, die er braucht. Er tut dies, in dem er selbst sich die Bestätigung gibt, nach der er sucht, und indem er sein Leben, so weit ihm dies möglich ist, nach seinen Vorstellungen und Bedürfnissen gestaltet. Er findet Menschen, die ihm die Zuwendung geben, die er braucht, an die er gewöhnt ist. Jemand, der eine positive Lebenseinstellung hat, wird auch in schwierigen Situationen ein Grundgefühl des Vertrauens haben und der Schwierigkeit etwas für ihn Nützliches abgewinnen: „Ich werde es schon schaffen." Jeder kennt solche Menschen. Sie werden als Glückspilze, Lebenskünstler, unverbesserliche Optimisten oder auch als Leute, die immer auf die Füße fallen, bezeichnet.

Ein Mensch mit einer negativen Einstellung dagegen gestaltet sein Leben so, daß er diese ersten unglücklichen Erfahrungen wiederholt. Er bekommt auf diese Weise die negative Zuwendung, die er braucht, an die er gewöhnt ist. Er trifft z. B. Entscheidungen, über die er sich ärgert, oder er sucht sich Freunde, die ihn kritisieren und verletzen. Diese Menschen haben oft Zweifel an sich: „Wie soll ich das bloß schaffen? Das kann ich nicht! Das schaffe ich nicht!" Wir alle kennen Menschen, die sich als Pechvogel, Versager, Graue Maus, Pessimisten, Schwarzseher bezeichnen. Wenn eine Person über einen längeren Zeitraum überhaupt keine Bestätigung für ihre Existenz oder ihr Verhalten bekommt, ist dies wie andauernde Folter und Verletzung. Man hat festgestellt, daß sehr kleine Kinder, die ohne ausreichenden Kontakt waren, starben. Frühgeborene, die im Brutkasten sein müssen, wachsen schneller und nehmen besser zu, wenn den Eltern gestattet wird, die Kinder häufig am Tag zu berühren. Fehlt dieser Kontakt, dann gibt es nur zwei Möglichkeiten: Tod oder Rückzug aus der Realität (Verrücktwerden). Fehlt also Zuwendung irgendeiner Art, so droht dem Menschen körperlicher und seelischer Verfall. Mangelnde Zuwendung bedeutet nicht nur, daß jemand eingesperrt ist und isoliert in einem Raum gehalten wird. Keine Zuwendung zu geben heißt: Nicht berühren, nicht ansehen, nicht hören, nicht antworten. Die Lebensäußerungen eines Menschen zu ignorieren bedeutet, seine Existenz zu leugnen, indirekt zu sagen „du bist nicht da". Dies ist für jeden Menschen verletzend und bedrohlich.

Ein Kind erzählt z. B. seinen Eltern eine Geschichte. Die beiden antworten nicht und sehen auch nicht auf. Sie setzen ihr Gespräch fort, als wäre das Kind nicht da. Jemand, der so behandelt wird, wird weiter versuchen, auf sich aufmerksam zu machen. Er wird sich anstrengen, wenigstens negative Zuwendung zu bekommen.

Auffälligerweise ist es in unserer Gesellschaft oft üblich, die angenehme positive Art der Zuwendung – Lob und Liebesbezeugungen – abzuwerten und zu diffamieren. Wer sich selbst lobt, wird höchstens mißtrauisch betrachtet: „Eigenlob stinkt!" „Du siehst immer alles so positiv." Auch gelobt zu werden, fällt vielen schwer: „Das war doch gar nichts." „Das ist mir jetzt aber peinlich." Viele ältere Verwandte geben Eltern den Rat: „Lobt Eure Kinder nicht zu viel. Sie wachsen Euch sonst über den Kopf." „Zuviel Lob schadet nur." Dabei ist es erwiesen, daß positive Bestätigung Wachstum und Lernen fördert und für ein glückliches und erfülltes Leben notwendig ist.

3.2 Welche Zuwendung brauchen Kinder für ihr Wachstum?

Im Laufe seines Heranwachsens entwickelt das Kind seine Ich-Zustände und damit die Fähigkeit, Probleme zu lösen. Das Kind braucht Bestätigung und Unterstützung für diese Entwicklung und Zuwendung für sein Wachstum. Dazu gehört auch immer wieder, unabhängig vom Alter und auch wenn es erwachsen ist, Zuwendung für seine bloße Existenz.

Es gibt vier verschiedene Arten von Zuwendung:

1. Die bedingungslose positive Zuwendung
Am Beginn unseres Lebens brauchen wir viele Arten positiver Zuwendung, die an keine Bedingungen geknüpft sind, um zu fühlen, daß wir erwünscht sind und leben sollen. Wir müssen uns diese Zuwendung nicht erst verdienen, denn sie ist nicht mit Forderungen verknüpft. Wir bekommen sie einfach für unser Da-sein.

2. Die bedingte positive Zuwendung
Diese Art der Zuwendung geben oder bekommen wir für etwas, das an uns gefällt, das wir leisten oder gut können. Sie ist eine Antwort auf unsere Art zu handeln oder uns zu verhalten.

Wir brauchen diese Zuwendung, um unseren Platz in der Gemeinschaft zu finden, um unsere Fähigkeiten zu nutzen und zu steigern. Unsere Lernfähigkeit wird wesentlich beeinflußt von Lob für ein bestimmtes positives Verhalten.

3. Die bedingte negative Zuwendung
Für störendes, unangemessenes Verhalten und für Fehler, die wir machen, geben und empfangen wir bedingte negative Zuwendung. Sie ist in bestimmten Situationen notwendig, um uns zu korrigieren, um Irrtümer aufzuklären, Fehler zu beheben und Veränderungen zu bewirken.

4. Die bedingungslose negative Zuwendung
Leider geben und empfangen wir in unserem Leben auch bedingungslose negative Zuwendung. Sie richtet sich gegen die ganze Person und ist vernichtend, verletzend und schmerzend. Hierzu gehören z. B. Prügel, Drohungen, Diffamierungen und Sätze wie: „Mach, daß Du wegkommst!" „Geh hin, wo der Pfeffer wächst!" „Laß Dich hier ja nicht wieder sehen!" „Du fehlst mir gerade noch!"

Diese verschiedenen Arten der Zuwendung haben unterschiedliche Auswirkungen auf den Empfänger. Leider wirken auf uns die negativen Reaktionen auf unser Verhalten oder unsere Person viel stärker als liebevolle Zuwendung.

0–6 MONATE

Wenn die Kinder geboren werden, ist ihr wichtigstes Wahrnehmungsorgan die Haut (A. Montagu). Sie erleben die Welt, in die sie kommen, überwiegend durch Berührung und Berührtwerden. Ihre Mutter hebt sie hoch. Die Hände halten das Köpfchen. Sie fühlen sich gehalten, gestreichelt. Die Hand des Babies erfaßt zufällig den Stoff seines Bettes oder den Finger, der ihm entgegengehalten wird.

Es spürt an der Haut seines Mundes die Brustwarze oder den Schnuller. Es lernt den Unterschied von Wasser und Luft an der Haut kennen, wenn es gebadet wird. Über die Haut bekommt das Baby seine ersten „Eindrücke“ von der Welt. Wie dies geschieht, vermittelt dem Kind: Du bist willkommen.

Es ist wichtig, daß jungen Eltern klar ist, daß die kleinen Babies ein dringendes Bedürfnis nach Berührung haben. Die meisten Eltern haben auch einen Impuls, das Baby anzufassen und zu streicheln, doch gibt es vor allem von älteren Verwandten häufig den Rat, das Kind nicht zu verwöhnen, es nicht zu viel hochzunehmen, zu tragen usw. ... Dabei wird allerdings übersehen, daß das Baby mit all seinen Bedürfnissen völlig abhängig von seinen Eltern ist und gerade das Bedürfnis nach menschlicher Nähe und Berührung lebenswichtig ist. Ein Kind, das nur die notwendige Pflege wie Wickeln, Reinigung, Fütterung bekommt, sonst aber „in Ruhe in seinem Bett“ liegt, fern von den Menschen und der Aktivität im Haushalt, entbehrt wichtige Anregung und Zuwendung. Es ist unfähig, seine eigene Lage zu verändern. Buchstäblich seine einzige Möglichkeit, auf sich aufmerksam zu machen, ist Schreien und so zu spüren, wie lebendig es ist.

Im Mutterleib hat das Baby sich bewegt und ist auch ständig durch die Mutter bewegt worden. Man hat festgestellt, daß der Gleichgewichtssinn schon während der Schwangerschaft entwickelt ist. Nach der Geburt fällt es dem Baby, das nun nicht mehr schwerelos ist, schwerer, sich selbst zu bewegen, und das bisher selbstverständliche Geschaukeltwerden durch die Mutter bleibt aus.

Jean Liedloff beschreibt in ihrem Buch „Auf der Suche nach dem verlorenen Glück“ sehr einleuchtend, wie wichtig für das Baby auch noch nach der Geburt das Getragenwerden ist. Durch das Tragen kann das Baby Spannungen abführen, wie es dies noch nicht durch eigene Bewegung kann. Sein Gleichgewichtssinn wird stimuliert. Es spürt die menschliche Nähe. Das Baby kann auf diese Weise am Alltagsgeschehen teilnehmen, gleichzeitig fühlt es sich geborgen und sicher. Es nimmt den Herzschlag der tragenden Person wahr, und es kann die Welt aus der Perspektive kennenlernen, aus der es sie sich später im aufrechten Gang erobern wird.

Mancher wird einwenden, daß das Baby Ruhe braucht und unsere Umwelt für das Baby viel zu aufregend sei. Wir sind der

Meinung, daß dies am besten die Eltern selbst entscheiden können.

Sehr viele Eltern sehen nach der Geburt ihres Kindes ihre Umwelt mit „neuen Augen“. Sie hören auf einmal den Verkehrslärm, sie riechen die Abgase, sie spüren die Hektik im Kaufhaus. Dadurch haben die Eltern ein gutes Gespür, was sie ihrem Kind zumuten können. Es gibt dafür keine feste Regel.

Wenn die grundlegenden Bedürfnisse eines Babies sorgfältig und angemessen befriedigt werden, fühlt es sich angenommen und in seiner Existenz bestätigt. Es erfährt auf diese Weise, daß es gut ist, daß es auf der Welt ist.

6–18 MONATE

In diesem Lebensabschnitt bewältigt das Kind ein riesiges Lernpensum: Es fängt an, sich fortzubewegen, es robbt und krabbelt und begibt sich dann immer häufiger in die aufrechte Position. Es lernt sitzen; mit etwa einem Jahr lernt das Kind laufen. Es wird immer wendiger und geschickter und damit unabhängiger bei der Fortbewegung.

Die Wahrnehmung des Kindes wird immer differenzierter. Es unterscheidet Personen, Räume und Gegenstände. In dieser Zeit fängt das Kind an, sich immer genauer zu äußern. Es entwickelt eine Zeichensprache und fängt dann an zu sprechen. Es ergreift und begreift seine Umwelt in immer größerem Maß.

Das Kind lernt durch die Entwicklung seiner Wahrnehmungsfähigkeiten und durch Übung seine Umgebung kennen. Es erkundet und erforscht alles, was es erreichen kann. Wenn man ein Kind in diesem Alter genau beobachtet, stellt man fest, daß es sehr genau und systematisch Material und Gegenstände aus seiner Umgebung untersucht. Es streicht über die Oberfläche, betastet vorsichtig die Grenzen des Gegenstandes, ergreift ihn, wenn es geht, schüttelt ihn, dreht und wendet ihn hin und her und steckt ihn in den Mund. Wenn es etwas älter ist, greift es in Gefäße, läßt etwas hineinfallen, erkundet Verschlüsse, öffnet Türen und Schubladen und räumt mit Vorliebe ihren Inhalt aus.

Kinder in diesem Alter sind wie kleine Forscher, sie sind ungeheuer neugierig und lernfähig.

Sie brauchen sehr viel Bestätigung für die große Lernleistung, die sie vollbringen und Möglichkeiten, um ihre Neugierde zu befriedigen. Ein Kind in diesem Alter will nicht vor allem herumgetragen werden, sondern es will sich bewegen und Dinge ergreifen. Es braucht Abwechslung und möchte immer mehr am Alltag im Haushalt teilhaben. Es ist wichtig, daß Eltern Kindern diese Möglichkeiten geben.

Kinder lieben es, die ihnen vertrauten Räume zu erkunden. Ein Wohnzimmer, das vor allem schön ist, aber geschont werden muß, ist für so ein Kind ungeeignet. Wir finden es notwendig, wenn wir wirklich mit Kindern *leben* wollen, daß wir unsere Wohnverhältnisse so gestalten oder zumindest für eine bestimmte Zeit (bis das Kind älter ist) umändern, daß das Kind sich frei bewegen kann. Dabei kann man experimentieren. Wieviel die Kinder erforschen wollen, ist bei jedem Kind unterschiedlich. Einige buddeln mit Vorliebe in der Erde von Blumentöpfen, so daß Topfblumen für einige Zeit sicherer z. B. in größerer Höhe untergebracht sind. Auch Schubladen üben eine große Anziehungskraft aus. Hier kann es sinnvoll sein, eine Schublade mit Gegenständen zu füllen, die für das Kind geeignet sind, und die anderen so zu fixieren, daß das Kind sie nicht öffnen kann.

Es ist wichtig, daß Eltern sich darüber klar sind, daß Verbote in diesem Alter nicht anhaltend wirksam sind und das Kind in diesem Alter sehr stören (siehe Kapitel 2 und 4) und einschränken.

Zuwendung bedeutet in diesem Alter, die Kinder bei ihren kleinen Entdeckungsreisen aufmerksam beobachtend zu begleiten, sie vor Gefahren zu schützen und ihnen die Begeisterung über ihre Fortschritte zu zeigen.

1½–3 JAHRE

In diesen eineinhalb Jahren lernt das Kind in der Regel sprechen. Es wird immer selbständiger und unabhängiger. Es lernt, sich anzuziehen, selber zu essen und wird meistens sauber. Der

Kontakt zu anderen wird immer vielfältiger und eigenständiger. Das Kind lernt, Zeiträume gedanklich zu überbrücken. Es erkennt, was es bedeutet, wenn jemand weggeht und wiederkommt. Das Kind fragt nach Erklärungen für Dinge und Vorgänge, die ihm nicht verständlich sind. Es fängt an, „nein" zu sagen und zeigt Wut und Ärger gegenüber anderen.

All dies ist ein Zeichen, daß das Kind heranwächst und getrennter von den Eltern wird. In dieser Lebensphase ist es wichtig, daß Eltern die Kinder darin bestärken, daß sie denken. Kinder brauchen Erklärungen auf Fragen. Es ist wichtig, die Fragen der Kinder angemessen und ehrlich zu beantworten. Das Kind braucht Information über seine Umwelt, die es nicht selber erleben kann. Viele Erwachsene unterschätzen die Bedürfnisse und die Fähigkeiten von Kindern zu denken in diesem Alter. „Dazu bist Du noch zu klein", ist immer noch eine häufige Erwachsenenantwort. Andere Erwachsene geben den fragenden Kindern unsinnige Antworten, in der irrigen Annahme, das würde dem Kind Spaß bringen und seine Phantasie fördern. Bei dieser Art von Antworten wird das Kind im Gegenteil eher verwirrt und in seinem Wissensdrang eingeschränkt.

Kinder brauchen in diesem Alter die Freude und Begeisterung der Eltern über ihr Wachstum und ihre Denkfähigkeit: „Das hast Du ja prima herausgefunden." „Du bist ja wirklich pfiffig!" „Ich freue mich, daß Du Dich schon so gut selber anziehst."

Und sie brauchen auch Grenzen, die die Eltern ihnen erläutern und mit einem Alternativvorschlag verbinden sollten: „Ich möchte nicht, daß Du an der Wand malst; nimm Deinen Zeichenblock dafür!"

Das Kind lernt jetzt das Prinzip von Ursache und Wirkung kennen: „Wenn ich den Krug mit Saft umkippe, läuft der Saft auf den Tisch und den Fußboden." Und auch: „Wenn Du den Krug mit Saft ausschüttest, mußt Du ihn auch wieder aufwischen."

Es ist wichtig für die Kinder zu lernen, daß ihr Handeln auch eine Wirkung hat. Auf diese Weise werden sie ernst und wichtig genommen. Im Gegensatz zur vorhergehenden Phase können und müssen sie jetzt einen kleinen Teil der Verantwortung für sich selbst übernehmen. Tun dies nur die Eltern für die Kinder, behindern sie die Kinder in ihrem Wachstum.

Dazu gehört auch, daß die Kinder sich in diesem Alter weigern und widersetzen. „Nein" gehört zu ihren Lieblingsworten. Dieser Widerstand bedeutet, daß das Kind sich etwas von den Eltern trennt und loslöst. Es ist wichtig für die Zukunft, daß es auch „nein" sagen kann. Das Kind braucht hierbei die Bestätigung, daß es in Ordnung ist, einen eigenen Willen zu haben.

Wenn das Kind jetzt darin bestärkt wird, seine Bedürfnisse zu äußern, kann es selbständiger werden und anfangen, für sich zu denken. „Nimm Dir etwas zu trinken, wenn Du durstig bist" bringt eine solche Unterstützung zum Ausdruck. Manchmal fällt es den Eltern schwer, sich umzustellen. Bisher waren sie für die Befriedigung der elementaren Bedürfnisse ihres Kindes zuständig, und sie hatten diese Aufgabe erfolgreich gelöst. Jetzt dagegen kann es passieren, daß das Kind sich weigert, sein normales Frühstück zu essen. Es besteht darauf, sich selbst das Brot zu schmieren und die Milch selbst einzuschenken. Erlauben Sie dies Ihrem Kind.

Auf diese Weise können Sie seinen Wunsch, selbst etwas für sich zu tun und seine Fähigkeit, dies erfolgreich zu tun, unterstützen. Ein Kind, das Zeit dazu hat, die alltäglichen Dinge wie z. B. selber essen, sich anziehen, zur Toilette gehen, sich waschen oder Zähne putzen immer wieder zu üben, kann dies wirklich bald ohne Hilfe erledigen und ist nach den anfänglichen Schwierigkeiten eine echte Entlastung.

Lassen Sie Ihr Kind an Arbeiten im Haushalt teilnehmen. Es lernt auf diese Weise seine Umwelt kennen, wird dabei fähiger sie zu verstehen und erwirbt praktische Fertigkeiten.

Niklas mochte, seit er eineinhalb Jahre alt ist, sehr gerne beim Gemüseputzen und -schneiden helfen. Er bekam ein stumpfes Messer, das keine gefährliche Spitze hatte, und konnte damit üben. Heute, mit vier Jahren, steht er bei den Eltern und hilft ganz eigenständig und sehr gekonnt, Tomaten zu schneiden oder Möhren zu schälen und zu zerkleinern. Wenn sie das Badezimmer saubermachen, putzt er die Waschbecken oder er hilft beim Staubsaugen. Alle diese Tätigkeiten gemeinsam zu machen, bringt ihm und allen sehr viel Spaß. Oft läßt Niklas für derartige Tätigkeiten jedes Spielzeug liegen.

3–6 JAHRE

In diesem Zeitraum entdecken die Kinder immer mehr ihre Individualität. Die Beziehung zu den Eltern wird getrennter. Die Kinder bauen Freundschaften zu anderen Kindern und Personen außerhalb der Familie auf. Viele kommen in diesem Alter in den Kindergarten und dann in die Vorschule. Sie müssen lernen, sich in einer Gruppe von Gleichaltrigen zu verhalten. Sie grenzen sich immer mehr gegenüber anderen, vor allem gegenüber ihnen vertrauten Erwachsenen ab. Sie entwickeln ganz genaue Vorstellungen davon, wie sie etwas tun wollen oder wie etwas sein soll. Sie weigern sich z. B., bestimmte Kleidungsstücke zu tragen oder sie entwickeln ganz unbeeinflußbare Vorlieben beim Essen. Niklas liebt ganz besonders weißen Zucker, weil er von seinen Eltern weiß, daß der ungesund ist.

Mit aller Kraft und manchmal auch Lautstärke versuchen die Kinder in diesem Alter, ihre Vorstellungen durchzusetzen. Sie lernen, ihre Gefühle deutlich zu äußern und diese auch auszusprechen, wenn sie das in ihrer Familie dürfen: „Ich mag Dich." Sie schreien vor Wut, Schmerz oder Trauer.

Sie machen sich Gedanken über den Unterschied zwischen den Geschlechtern: „Das können nur Jungen." „Mädchen sind nicht so stark wie Jungen, stimmt das?"

Die Vorstellungskraft und Phantasie dieser Kinder wird immer vielfältiger. Viele Kinder haben in diesem Alter Phantasiefreunde oder sie führen Selbstgespräche. So hatten Jörg und Ulrike eine Freundin, die Klein-Ebbi hieß, und Ulrike wollte fortan ihr Brot nur noch genau so haben, wie Klein-Ebbi es hatte. Eines Tages war Klein-Ebbi krank und sie brachten sie ins Krankenhaus. Dann war sie eines Tages verschwunden. „Klein-Ebbi ist tot", erklärten beide und erwähnten sie nicht wieder.

Viele Eltern sind etwas beunruhigt über die Phantasie ihrer Kinder. Sie empfinden sie als Flucht aus der Realität. Die Eltern tun gut daran, den Kindern ihre Phantasie nicht wegzunehmen, aber es ist wichtig, daß die Eltern ihre Kinder darin unterstützen, Realität und Phantasie zu unterscheiden: „Du spielst jetzt wohl ‚Als-ob' ..." oder „Tina hat einen Freund in ihrer Phantasie; sie tut so, als ob er wirklich da wäre." Die Phantasievorstellungen sollten dabei jedoch nicht abgewertet werden, da sie den Kindern auch als Übungsfeld für Problemlösungen und zur Verarbeitung ihrer Erfahrungen dienen.

Kinder brauchen Informationen über ihre Umwelt, die ehrlich und genau sind, damit sie sich orientieren können. Es gibt Erwachsene, die daran Spaß haben, Kinder irrezuführen und die ihnen die Welt z. B. mit magischen Figuren wie Hexen und Zauberern bevölkern. Es ist besser, dem Kind eine altersgemäße Erklärung über die Herkunft von Schnee zu geben, als zu behaupten: „Frau Holle schüttelt die Betten aus."

Kinder lieben in diesem Alter Märchen. Es macht Spaß, ihnen welche zu erzählen und ihnen dabei den wichtigen Unterschied klarzumachen, daß in der Wirklichkeit andere Regeln gelten als im Märchen. Bestärken Sie Ihr Kind darin, wenn es Gefühle zeigt: „Weine ruhig, wenn es dir weh tut." „Ich verstehe, daß du wütend bist, du kannst gern mit den Füßen trampeln." Vermeiden Sie dabei Verknüpfungen wie „Jungen weinen nicht" oder „ein Indianer kennt keinen Schmerz" oder „Mädchen sind Heulsusen."

Es ist wichtig, die Kinder in ihrem Bedürfnis nach Selbständigkeit ernst zu nehmen. Es bringt ihnen Spaß, kleine Aufgaben zu erledigen wie z. B. ihr Bett zu machen, eine Blume zu besitzen und sie zu begießen. Die Kinder suchen in diesem Alter nach ihrer Identität. Wer bin ich? Was kann ich? Was darf ich? Was bedeutet es, ein Junge / ein Mädchen zu sein?

Das bedeutet, daß sie Unterstützung und Ermutigung dabei brauchen, dies herauszufinden, darüber nachzudenken und eigene Erfahrungen zu machen. Gleichzeitig brauchen sie aber auch klare Anweisungen und Grenzen von ihren Eltern. Es ist wichtig, daß die Eltern sehr genau sagen, was sie wollen und was sie nicht dulden.

So ist es für ein Kind schwierig zu verstehen, was Sie wollen, wenn Sie sagen: „Sei nicht so unordentlich!" Genauer ist: „Räume bitte Deine Autos aus dem Flur, weil ich den Kinderwagen dort vorbeischieben will!"

„Du bist ein böser Junge!" ist eine allgemeine Aussage; dagegen ist deutlich: „Es ist nicht in Ordnung zu beißen, weil du damit Tina weh tust! Was kannst du tun, damit sie dich versteht?"

Wenn die Eltern Regeln setzen oder Grenzen ziehen, dann ist es gut, wenn sie vorher prüfen, ob dies auch notwendig ist.

Für die Einhaltung von Grenzen kann es manchmal auch nötig sein, den Kindern auch bedingte negative Zuwendung zu geben: „Hör auf, mit dem Ball im Zimmer zu werfen, hier stehen Sachen, die kaputtgehen können. Du kannst den Ball rollen. Und wenn du nicht damit aufhörst, ihn zu werfen, nehme ich ihn dir weg."

6–12 JAHRE

In diesem Alter kommt das Kind in die Schule. Es ist jetzt jeden Tag einen längeren Zeitraum abwesend von seiner Familie. Es bewegt sich in der Schule, die ihre eigenen Regeln hat, mit Gleichaltrigen relativ selbständig. Es geht morgens alleine oder mit Freunden dorthin und kommt wieder nach Hause. Es hat Aufgaben zu erfüllen, es muß bestimmte Informationen verarbeiten und in der Regel muß es auch ganz bestimmte Leistungen erbringen. Kinder stellen in diesem Alter fest, daß es in jeder Familie unterschiedliche Regeln und Wertvorstellungen gibt. Sie probieren aus, welche Regeln sie für sich selbst gut finden. Dabei sind sie oft anderer Meinung als ihre Eltern. „Was passiert, wenn ich das Gegenteil mache oder widerspreche?" Sie wollen es auf ihre Weise tun und sich keine Vorschriften machen lassen. Die Kinder brauchen also Unterstützung für ihr Experimentieren auch im Umgang mit Regeln. Sie brauchen einen Freiraum, in den die Eltern nicht eingreifen, aber zu Hilfe kommen, wenn die Kinder dies wünschen. Die Kinder können in diesem Alter gut kleine Aufgaben im Haushalt übernehmen und z. B. für ihr Zimmer oder ihren Platz in der Wohnung selbst verantwortlich sein. Dort kann das Kind dann ausprobieren, welche Vorstellungen von Ordnung es hat. Es ist wichtig, daß die Eltern bei Meinungsverschiedenheiten nicht versuchen, die Stärkeren zu bleiben. Verhandeln und diskutieren Sie mit Ihren Kindern auf faire und respektvolle Weise. Erklären Sie Ihre Vorstellungen, begründen Sie Ihre Handlungsweise und gestehen Sie Ihre Fehler ein. Manchmal stellt man dabei fest, daß eine Regel, die man bisher für nützlich hielt, dies gar nicht ist.

Mit diesem Verhalten ermutigen Sie Ihr Kind, herauszufinden, was es für sich will und was es gut findet. Dazu gehört auch, im Laufe dieser Lebensspanne immer weiter die Kontrolle für einzelne Lebensbereiche des Kindes aufzugeben und dem Kind damit mehr Selbstverantwortung zuzutrauen. Viele Eltern meinen, ihr Kind kann in der Schule nur zurechtkommen, wenn sie jeden Tag lange Schularbeiten machen mit ihm, seinen Schulranzen überprüfen und alles recht häufig mit ihm üben. Sicher ist es zu Beginn der Schulzeit gut, das Kind mit diesem neuen Erfahrungsfeld vertraut zu machen und zu beobachten, ob es vielleicht in bestimmten Bereichen, etwa beim Erfassen neuer Informationen, Probleme hat. Nicht alle Kinder können alles gleich gut. Wichtig ist, das Kind darin zu unterstützen, daß es Selbstvertrauen bekommt bzw. behält. Ein Kind, dem zu viel Hilfe und Kontrolle angeboten wird, bekommt das Gefühl: Das kannst du nicht selbst tun! Du brauchst meine Hilfe!

Es wird vergeßlich, wenn dann einmal keiner aufpaßt: „Nur wenn Mutter in den Ranzen guckt, ist sicher, daß ich alles habe, was ich brauche.“ Es wird unsicher, wenn es etwas alleine tut: „Ist das jetzt wirklich richtig, was ich geschrieben habe?“ Es bekommt Angst, etwas vorzulesen, weil es ja falsch sein könnte.

Es ist in Ordnung, Fehler zu machen. Ermutigen Sie Ihr Kind, diese Fehler zu finden und sie zu verbessern. Unserer Ansicht nach ist es sinnvoller, daß ein Kind durchschnittliche Zeugnisse erhält und dabei selbständig und selbstbewußt ist, als daß es sein ganzes Selbstwertgefühl von besonders guten Noten in der Schule abhängig macht.

Für die großen Lernleistungen auch in diesem Lebensabschnitt brauchen die Kinder die Familie als liebevollen Stützpunkt, von dem aus sie ihre Erkundungen und sozialen Experimente machen. Sie brauchen nicht nur Unterstützung für ihr selbständiges Handeln, sondern auch die Erlaubnis, sich ausruhen zu dürfen und sagen zu können, was sie für sich brauchen.

Die Selbständigkeit zu unterstützen bedeutet auch, dem Kind zu zeigen, wie es sich schützen kann. Dabei kommt es darauf an, dem Kind solche Konsequenzen für sein Verhalten zuzumuten, die nicht gefährlich für es sind. Wenn das Kind sein Schulbrot vergißt, dann bringen Sie es nicht hinterher. Es ist zwar unangenehm, wenn das Kind nichts zu essen bei sich hat, aber es lernt dabei, selbst daran zu denken, daß es das Brot in die Schule mitnimmt.

Dagegen ist es nicht in Ordnung, ein Kind mit einem kaputten, nicht verkehrssicheren Fahrrad fahren zu lassen und zu sagen: „Es muß selbst merken, welche Folgen es hat, wenn die Bremsen nicht gehen. Ich habe ja gesagt, daß es sie reparieren lassen soll." Besser ist: „Solange Du das Rad nicht zur Reparatur gebracht hast, darfst Du nicht damit fahren!"

Bei aller Selbständigkeit und allem Streben nach Unabhängigkeit haben Kinder auch das Bedürfnis nach Geborgenheit und bedingungsloser Zuwendung. Wenn Ihr Kind plötzlich sagt: „Heute möchte ich mal einen gemütlichen Tag haben", dann fragen Sie es, was es sich wünscht. Vielleicht können Sie sich zusammen einen schönen und geruhsamen Nachmittag gestalten. Auf diese Weise lernt das Kind, offen darum zu bitten, wenn es Zuwendung und Erholung braucht.

12–19 JAHRE

Das Kind vollzieht in diesen Jahren die endgültige Ablösung von den Eltern. Seine Schulzeit nähert sich ihrem Ende. Der oder die Jugendliche beginnt eine Berufsausbildung oder bereitet sich darauf vor. Viele Jugendliche werden gegen Ende dieser Zeitspanne erwerbstätig. Sie stellen sich materiell auf eigene Füße und verlassen dann das Elternhaus, um selbständig allein oder auch zusammen mit Freunden zu leben. Diese Zeit der Trennung ist für alle Beteiligten stürmisch und aufregend. Der/die Jugendliche entfaltet seine/ihre sexuellen Bedürfnisse, und der Drang nach Eigenständigkeit wird immer stärker.

Dies Bedürfnis ist aber nicht eindeutig, sondern oft damit verbunden, daß die Jugendlichen Forderungen aufstellen, die eher einem anderen Alter angemessen erscheinen. Pam Levin erklärt diese Zwiespältigkeit damit, daß die Jugendlichen, während sie ihre immer größere Selbständigkeit entwickeln, gleichzeitig wie im Zeitraffer alle vorhergehenden Lernschritte noch einmal durchlaufen: sie sind kuschelig müde und müssen mit Essen versorgt werden wie ein Säugling; sie grenzen sich mit heftigen „Neins" von ihren Eltern ab wie Zweijährige; sie suchen nach ihrer Identität wie die Dreijährigen; sie diskutieren und verhandeln wie Schulkinder. Dieses Zurückgehen in „frühere Zeiten" und der gleichzeitige Anspruch der Jugendlichen, ernst genommen und erwachsen behandelt zu werden, macht den Umgang mit ihnen manchmal sehr schwierig. Es ist wichtig, daß die Jugendlichen spüren, daß sie gehen dürfen, daß sie losgelassen werden und auch wieder zurückkommen und Bedürfnisse haben dürfen.

In dieser Zeit brauchen die Jugendlichen die Möglichkeit, auszuprobieren, wie es ist, ganz anders zu sein als die anderen in der Familie.

T. ist vierzehn. Er kommt aus einer Familie, in der gerne diskutiert wird, gesellschaftliche Mißstände besprochen und kritisiert werden und „innere Werte" gegenüber „Äußerlichkeiten" vorgezogen werden. Er ist zur Zeit ein Popper und interessiert sich deshalb sehr für Modetrends und gibt einen großen Teil seines Geldes für Kleidung aus.

Seine Schwester ist zwei Jahre älter. Sie ist eher „alternativ" eingestellt. Sie legt zwar auch auf ihr Aussehen wert, doch sie braucht keine kostspielige Mode. Mit Vorliebe trägt sie weite, selbstgestrickte Pullover, große auffällige Ohrringe und eine Punkfrisur.

Beide haben sich auf augenfällige Weise von ihrer Familie

abgegrenzt. Sie gehen ihre eigenen Wege, sind viel mit Freunden zusammen unterwegs, aber sie freuen sich auch, wenn es Gelegenheiten gibt, bei denen sich die ganze Familie trifft und Zeit für ein Gespräch oder ein Spiel ist.

Besonders in diesem Alter kritisieren viele Jugendliche ihre eigene Familie mit ihren speziellen Gewohnheiten und Regeln und finden häufig das Leben in anderen Familien oder Wohngemeinschaften interessanter und besser. Es ist wichtig, über diese Erfahrungen mit den Jugendlichen zu sprechen und daß Eltern ihren eigenen Standpunkt beziehen.

Indem man dies respektvoll tut und Erklärungen abgibt, ermutigt man die Jugendlichen, ihren eigenen Weg zu finden.

Jugendliche haben häufig noch unrealistische Pläne und Wünsche für die Zukunft. Sie möchten vielleicht eine teure Reise machen, ein Mofa, Motorrad oder auch ein Auto besitzen, obwohl ihre Mittel dazu nicht ausreichen. Hier ist es wichtig zu zeigen, wo Grenzen sind. Dazu können Sie mit den Jugendlichen über die finanzielle Situation der Familie sprechen und erklären, wie Entscheidungen über die verschiedenen Ausgaben zustandekommen.

Jugendliche sollten ihre Selbständigkeit zeigen und üben, indem sie ihr Taschengeld ohne Auflagen selbst verwalten und für aufwendige Wünsche z. B. durch Austragen von Zeitungen o. ä. selber Geld verdienen.

3.3 Übungen zum liebevollen Miteinander in der Familie

Wir können nach dem hier Besprochenen fragen, wie wir nun als Eltern mit unseren Kindern so zusammenleben können, daß wir uns gut miteinander fühlen. Wir haben einige Übungen zusammengestellt, mit deren Hilfe Sie sich selbst beobachten und in ganz kleinen Schritten verändern können, wenn Sie Lust dazu haben.

Diese Übungen sind nur sinnvoll, wenn Sie sich damit nicht unter Druck setzen oder sich und andere anklagen, wenn Sie etwas finden, womit Sie nicht zufrieden sind. Die Übungen sind für Sie selbst und ihre eigene Veränderung gedacht. Sie können sich selbst auf die Schulter klopfen dafür, daß Sie experimentierfreudig sind und etwas Neues lernen wollen.

Aus der nachfolgenden Reihe von Übungsmöglichkeiten können Sie sich diejenigen aussuchen, die Ihnen wichtig erscheinen. Am besten beobachten Sie sich selbst drei bis sechs Tage lang. Es empfiehlt sich, über Ihre Erfahrungen Notizen zu machen, oder mit Freunden aus anderen Familien gleichzeitig eine Übung zu machen und sich darüber auszutauschen.

1. Nehmen Sie wahr, was Sie in Ihrem inneren Zwiegespräch zu sich selbst sagen. Sind Sie häufig mit dem zufrieden, was Sie machen? Sind Sie eher unzufrieden mit sich? Sagen Sie zu sich, daß Ihre Leistung „ganz gut" ist, oder ermutigen Sie sich selbst, indem Sie sich darüber freuen, wenn Ihnen etwas gelingt?
2. Nehmen Sie wahr, was Sie den Familienmitgliedern zu Ihrem Da-sein und zu Ihren Leistungen sagen, mit und ohne Worte?
3. Wie beginnen Sie mit Ihrer Familie den Tag? Wie verabschieden Sie sich voneinander, wie begrüßen Sie sich?
4. Beobachten Sie: Sind Sie zärtlich miteinander in Ihrer Familie? Berühren Sie einander? Nehmen Sie Ihre Kinder und Ihre/n Partner/in in den Arm?
5. Beobachten Sie, ob Sie einander ansehen im Gespräch oder einfach so.
6. Beobachten Sie, wie Sie bedingungslose Zuwendung ausdrücken. Fertigen Sie eine Liste an mit zehn Beispielen, z. B. Streicheln, Blickkontakt.

Wenn Sie zu dem Schluß kommen, daß Sie an ihrem Verhalten etwas verändern möchten, dann können Sie mit neuem Verhalten experimentieren in Bezug auf die Erfahrungen, die Sie in den vorangegangenen Übungen gemacht haben.

1. Nehmen Sie z. B. bewußt Blickkontakt mit Menschen Ihrer Umgebung auf. Konzentrieren Sie sich dabei auf eine Person, etwa auf Ihr Baby, Ihr Kleinkind, Ihre Heranwachsenden oder Ihren Partner/in. Vielleicht einfach nur so, ohne

Worte, oder im Gespräch. Achten Sie dabei auf Ihre Gefühle und die Reaktion der anderen.

2. Schreiben Sie auf, was Sie heute gut gemacht haben, und womit Sie zufrieden sind. Sie können verschiedene Farben verwenden. So können Sie gleich überblicken, wie das Verhältnis von Zufriedenheit und Unzufriedenheit bei Ihnen ist.
3. Beobachen Sie, was eine Person Positives tut, mit der Sie Probleme haben.
4. Zeigen Sie anderen, wenn Sie sich freuen, z. B. wenn Ihnen gefällt, was sie getan haben.
5. Sprechen Sie am Abend mit ihren Kindern über den Tagesverlauf: was hat Ihren Kindern und Ihnen gefallen, was hat ihnen nicht gefallen …
   z. B. „Ich habe mich gefreut, wie du dein Problem mit deiner Freundin gelöst hast."

4.
Wie wir Probleme nicht lösen (Passivität)

4.1 Was passiert, wenn wir unsere Persönlichkeitsanteile nicht alle beisammen haben?

Jeder von uns steht jeden Tag verschiedenen Problemen gegenüber, die er lösen muß. Es können ganz banale Probleme sein wie z. B. „Was kaufe ich heute ein?" oder schwerwiegende Entscheidungsfragen, die unsere gesamte Lebenssituation beeinflussen. Das Lösen von Problemen gelingt uns häufig gut und zu unserer Zufriedenheit. Doch für manche gibt es Schwierigkeiten, die immer wieder auftauchen. Mancher hat auch das Gefühl, er trifft immer die verkehrte Entscheidung oder fühlt sich völlig unfähig. Es gibt Ehepaare oder Familien, in denen ganz kleine, unscheinbare, harmlose Probleme wie z. B. „Wer wäscht das Geschirr ab?" in einem riesigen Tumult und einer schweren Krise enden. Wenn man die Transaktionsanalyse zu Hilfe nimmt, kann man erkennen, daß es verschiedene Verhaltensmuster in Bezug auf das Lösen von Problemen gibt, die sehr verschieden wirkungsvoll sind.

Um ein Problem zu lösen, ist es vor allem wichtig, alle Ichzustände sinnvoll zu nutzen.

Im folgenden wollen wir an Hand eines Beispiels zeigen, welche Möglichkeiten es gibt, mit einem Problem umzugehen und es dabei scheinbar oder tatsächlich zu lösen.

Beispiel:
Herr X steigt morgens in sein Auto, um zu seinem Arbeitsplatz zu fahren. Er ist mit Arbeitskollegen zu einer Besprechung verabredet und hat dafür wichtige Unterlagen bei sich.

Nun bemerkt er, daß das Auto nicht anfährt. Er stellt fest, daß der Tank voll ist und er weiß, daß die Batterie neu ist. Mehr versteht er von Autos nicht; so beschließt er, nicht weiter nach der Ursache des Fehlers zu suchen, sondern überlegt, wie er ohne eigenes Auto pünktlich an seinen Arbeitsplatz kommt.

Er sieht auf die Uhr und stellt fest, daß er mit dem Bus fahren kann. Vorher fragt er noch seinen Nachbarn, ob er ihm sein Auto leiht. Er erreicht ihn jedoch nicht und geht deshalb zum Bus. Er kommt mit geringer Verspätung an seinem Arbeitsplatz an. Die Besprechung kann wie verabredet stattfinden.

Das Problem ist also gelöst.

Wie hat Herr X nun seine Ich-Zustände benutzt?:

Erwachsenen-Ich:	Herr X stellt fest: das Auto fährt nicht.
Kind-Ich:	Wie soll ich jetzt bloß pünktlich sein? (ist erschreckt und ängstlich) Und gerade jetzt ist das Auto kaputt, es ist doch so ein ungemütliches Wetter! (wütend) Was soll ich bloß machen?
Eltern-Ich:	Du mußt pünktlich sein. Du hast eine Verabredung! Reg dich nicht auf! Du wirst das schon hinkriegen! Denk mal nach, wie du es schaffen kannst.
Erwachsenen-Ich:	Überlegt: Kann ich selbst den Fehler beheben? Prüft Tank und Batterie, das einzige, wovon er etwas versteht. Stellt fest: Beides ist in Ordnung. Ich kann das Auto nicht selbst reparieren. Deshalb gibt es andere Möglichkeiten: Bus fahren, – Nachbarn fragen, – Hilfsdienst anrufen, – zur Tankstelle gehen, überprüft die Uhrzeit und stellt fest, daß er mit dem Bus pünktlich sein kann.
Kind-Ich:	Ich hab keine Lust, mit dem Bus zu fahren.
Erwachsenen-Ich:	Fragt den Nachbarn, hat aber keinen Erfolg.
Kind-Ich:	Ist enttäuscht!
Eltern-Ich:	Das Busfahren hat doch auch Vorteile. Ruh Dich aus!
Kind-Ich:	Oh ja, ich les Zeitung.

Herrn X ist es also gelungen, seinen Arbeitstag trotz der unangenehmen Überraschung am Morgen wie geplant zu beginnen. Er hat sein Problem mit wenig Zeitaufwand gelöst. Alle Ich-Zustände waren daran beteiligt und seine Leistung besteht darin, daß sein Erwachsenen-Ich, also seine Denkfähigkeit, die Oberhand behielt. Sein gut brauchbares Eltern-Ich hat ihn darin bestärkt zu denken und ihn zuversichtlich gestimmt. Sein Kind-Ich (seine Bedürfnisse, Gefühle) haben die Art der Problemlösung mit beeinflußt.

Dies Beispiel zeigt in vereinfachter Form das Zusammenspiel der Ichzustände. Da es zielgerichtet ist und funktioniert, führt es zu einem guten Ergebnis.

An allen echten Problemlösungen sind alle Ichzustände beteiligt. Allen Beteiligten geht es hinterher gut und sie fühlen sich fähig. Es gibt jedoch Reaktionsmuster beim Umgang mit Problemen, an denen nicht alle Ich-Zustände beteiligt sind. Die „Lösungen" sind nur eingeschränkt oder überhaupt nicht nützlich. Die beteiligten Personen fühlen sich schlecht und oft unfähig.

In der Transaktionsanalyse werden diese Problemlösungsmuster als *passives Verhalten* bezeichnet. Damit ist gemeint, daß jemand nicht wirklich *aktiv* wird in Bezug auf die Lösung seines Problems.

So entfalten z. B. viele Menschen Aktivitäten, die nichts mit einer Lösung zu tun haben. Sie sind dann scheinbar aktiv, aber sie verändern ihre Schwierigkeiten nicht.

Auch diejenigen sind passiv, die zwar ein Problem erkennen, aber sein Ausmaß verkleinern: „Das ist doch nur halb so schlimm." Wer die Bedeutung eines Problems nicht richtig einschätzt, kann es auch nicht angemessen lösen.

Andere wiederum mißachten die Hinweise auf ihre Probleme und Schwierigkeiten. Probleme, die man nicht sieht, kann man auch nicht lösen.

Und schließlich gibt es noch diejenigen, die hauptsächlich über die anderen an der Situation beteiligten Personen nachdenken oder die nur ihr Gefühl ausleben. Auch sie verhalten sich passiv im Hinblick auf ihr Problem.

Wir alle verhalten uns gelegentlich auf die eine oder andere Art passiv. Das tun wir jedoch nicht bewußt oder absichtlich.

Mit der Transaktionsanalyse können wir vier verschiedene Formen passiven Verhaltens unterscheiden. An unserem Beispiel wollen wir zeigen, wie dieser Morgen für Herrn X sein könnte, wenn er seine Fähigkeiten (seine Ichzustände) nicht sinnvoll gebraucht.

1. Ich kann nichts tun!

Erwachsenen-Ich:	Bemerkt, daß das Auto nicht fährt.
Kind-Ich:	Erschrickt: Ach Du liebe Zeit! Ich kann nicht weg.
Eltern-Ich:	Du bist immer ein Pechvogel, das ist eben so. Da kann man nichts machen.
Kind-Ich:	Jetzt ist es wieder passiert. Da kann man nichts machen. Bleibt im Auto sitzen. Fühlt sich schlecht, geht zurück ins Haus. Läßt seine Frau am Arbeitsplatz anrufen und sich krank melden. Seine Kollegen müssen ohne ihn zurechtkommen.

In diesem Falle benutzt Herr X hauptsächlich sein Kind-Ich. Er fühlt sich unfähig und jammert. Mit seinem Erwachsenen-Ich registriert er gerade eben noch, daß das Auto nicht fährt. Ansonsten benutzt er seine Denkfähigkeit überhaupt nicht.

Sein Eltern-Ich unterstützt ihn in keiner Weise. Es bestärkt ihn darin, sich unfähig zu fühlen.

Auf diese Weise kann Herr X wirklich nichts tun. Andere werden so dazu herausgefordert und gezwungen, für ihn zu denken und zu handeln (seine Frau, seine Kollegen). Herr X wird also mit einem Problem konfrontiert und tut nichts, um es zu lösen.

2. „Was kann ich für die anderen tun?“

Erwachsenen-Ich:	Bemerkt, daß das Auto nicht fährt.
Kind-Ich:	Ach du liebe Zeit, was sollen die anderen bloß ohne mich machen? Fühlt sich aufgeregt.

Eltern-Ich: Du mußt zuallererst dafür sorgen, daß die Kollegen benachrichtigt werden.

Erwachsenen-Ich: Er ruft am Arbeitsplatz an. Er erreicht dort niemanden, weil es noch zu früh ist. Auch bei den Kollegen zu Hause ist niemand, weil diese schon unterwegs sind.
Er entscheidet sich, mit dem Bus zu fahren.

Kind-Ich: Im Bus ist er unzufrieden mit sich. Er kommt eine dreiviertel Stunde zu spät, weil er so viel Zeit mit dem erfolglosen Telephonieren verbracht hat.

Herr X hat alle seine Ichzustände benutzt. Allerdings hat ihn sein Eltern-Ich leider in die Irre geführt. Anstatt darüber nachzudenken, wie er selbst pünktlich sein kann, hat er mehr darüber nachgedacht, was mit seinen Kollegen ist. Das Eltern-Ich hat ihn sozusagen auf die falsche Fährte gelockt. Er hat seine Energie, sein Denken für ein nebensächliches Ziel verschwendet.

Am Ende ist er selbst unzufrieden und seine Kollegen sind ärgerlich, weil sie warten mußten (oder alle müssen schneller arbeiten, weil er nicht rechtzeitig da war). Herr X hat sein Problem nicht angemessen gelöst.

3. „Hauptsache ich tue irgendetwas!“

Erwachsenen-Ich: Stellt fest, daß das Auto nicht fährt.

Kind-Ich: Ist erschreckt.

Eltern-Ich: Tu irgend etwas.

Kind-Ich: Ist aufgeregt. Springt aus dem Auto. Rennt ins Haus zurück. Raucht eine Zigarette nach der anderen. Läuft wieder zum Auto. Reißt die Motorhaube auf. Greift wahllos in den Motor. Seine Hände und Kleidung werden ölverschmiert. Rennt wieder ins Haus und fängt an, sich sauber zu machen. Raucht wieder. Zieht sich um. Seine Frau muß erraten, was los ist. Sie schlägt ihm vor, mit dem Bus zu fahren. Vorher sucht sie ihm noch passende Kleidungsstücke

	heraus. Durch seine „Aktivitäten" hat Herr X etliche Busse verpaßt. Er kommt eineinhalb Stunden zu spät.

Herr X war fast ausschließlich in seinem Kind-Ich. Sein Eltern-Ich gab ihm lediglich den Rat, „irgend etwas" zu tun. Er strengte sich „ohne nachzudenken" an, und reihte eine sinnlose Handlung an die andere. Er tat nicht wirklich etwas, um sein Problem zu lösen. Seine Frau übernahm für ihn das Denken und auch die Elternichfunktion, indem sie ihm half. Durch sein Verhalten forderte er diese Hilfe heraus.

Am Ende fühlte er sich erschöpft und unfähig. Seine Kollegen werden ihn vermutlich kritisieren.

Er ist zwar am Arbeitsplatz angekommen, aber viel zu spät. Sein Problem hat er nicht gelöst.

4. „Ich platze gleich vor Wut!"

Erwachsenen-Ich:	Stellt fest, daß das Auto nicht fährt.
Kind-Ich:	Bekommt einen Wutanfall, als sein Auto nicht anfährt. Er springt aus dem Auto und knallt die Autotür und klemmt sich dabei die Hand so schlimm, daß er sie nicht mehr benutzen kann. Er muß sich vom Arzt behandeln lassen. Anschließend bleibt er zu Hause, weil er krank geschrieben ist.

Herr X ist nur im Kind-Ich. Er benutzt seine Denkfähigkeit in keiner Weise und auch sein Eltern-Ich wird nicht aktiv. So unternimmt Herr X überhaupt nichts, um sein Problem zu lösen. Er lebt sein Gefühl (die Wut) aus und ist so unkontrolliert, daß er sich selbst verletzt. Dadurch, daß er sein Erwachsenen-Ich und Eltern-Ich nicht benutzt, ist er völlig ungeschützt und kann sich nicht zielgerichtet verhalten, um pünktlich zur Arbeit zu kommen.

An dem Beispiel von Herr X können wir also sehen, daß, sobald ein Ich-Zustand oder sogar zwei nicht benutzt werden, das Problem nicht angemessen gelöst wird. Herr X macht im Gegenteil sich selbst, aber auch anderen das Leben schwer.

Passives Verhalten gegenüber Problemen ist sehr verbreitet

und alltäglich. Es ist zugleich eine große Energieverschwendung. Passives Verhalten strengt an und führt zu negativen Gefühlen. Trotzdem kennen die meisten von uns Situationen, in denen wir kopflos, verwirrt, wie gelähmt, erstarrt und angestrengt sind. Häufig haben wir einfach nur das Gefühl, nicht so recht voranzukommen, so als wenn Sand im Getriebe wäre.

Wenn jemand sich passiv verhält, übersieht er die Möglichkeit, einen anderen Ichzustand zu benutzen. Er tut so, als ob er diese Möglichkeit nicht hätte. Auf diese Weise fordert er andere Menschen heraus oder er zwingt sie gar dazu, die Funktion seiner ‚vergessenen' Ichzustände zu übernehmen. Indem seine ‚Helfer' ihn ergänzen, bestärken sie ihn darin, nicht alle Ichzustände zur Lösung seiner Probleme zu benutzen. Sie werten damit seine eigenen Fähigkeiten ab.

Sie leihen diesen Menschen ihre Ichzustände, wie eine Mutter dies in der Symbiose mit ihrem kleinen Kind tut. Sie denken und sorgen ungefragt für ihn, obwohl er erwachsen ist. Dabei vernachlässigen sie oft ihre eigenen Bedürfnisse und Wünsche. Sie sind somit auch passiv, da sie ihr eigenes Kind-Ich vernachlässigen.

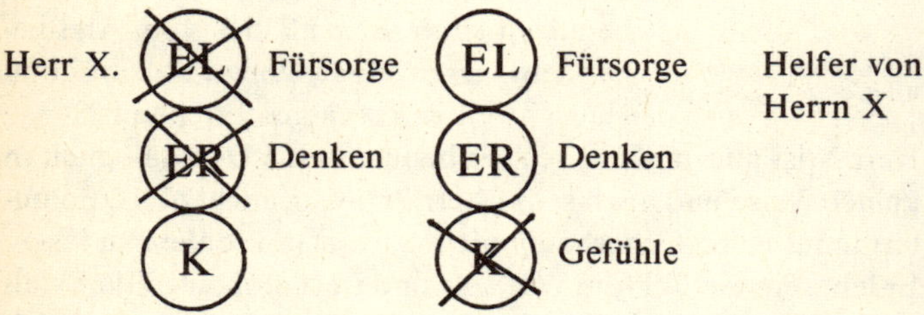

Herr X hat kurzfristig vermutlich das Gefühl: Wie schön, dann brauche ich mich selbst nicht darum zu kümmern. Darüber brauche ich nicht nachzudenken. Es sorgt schon jemand für mich. Gleichzeitig wertet er aber sich und seine Fähigkeiten auch ab: Ich alleine schaffe das nicht. Ich kann nicht denken.

Wer häufig auf diese Weise reagiert, behindert sich selbst darin, neue Erfahrungen zu machen und sein Leben durch neue Problemlösungen zu gestalten. Er schränkt sich in seinen Wachstumsmöglichkeiten ein.

Seine Helfer fühlen sich dagegen eher fähig. Sie denken vielleicht: Der arme X. Er braucht mich. Ich muß ihm erst einmal wieder unter die Arme greifen. Er ist aber auch zu unüberlegt. Oder auch: Also nein, dieser X! Es ist doch immer dasselbe mit ihm. Ich bereite mich so schön vor und er verdirbt alles. Wenn ich den zu fassen bekomme, na warte ...

Wer häufig anderen aus einer schwierigen Situation heraushilft oder auch oft von anderen im Stich gelassen wird, über die er sich dann ärgert, ist zwar mit sich selbst zufrieden, aber er wertet die anderen ab. Solche Menschen leisten oft viel für andere. Nach einiger Zeit jedoch sind sie vollkommen erschöpft und werden krank oder depressiv. Auf diese Weise meldet sich dann ihr inneres Kind, das sie bei der Arbeit für andere völlig vernachlässigt haben. Ihre eigenen Bedürfnisse nach Zuwendung, Schutz und Fürsorge haben sie nämlich bis dahin ignoriert oder abgewertet. Wer sich passiv verhält, wertet also entweder seine Gefühle, sein Denken, seine Handlungsfähigkeit oder die Fähigkeiten anderer ab. Oft ist die Abwertung zwar spürbar, aber nicht etwa sensationell oder gar besonders auffällig. Überall ist sie versteckt. Jemandem nicht zuhören oder nicht antworten gehört ebenso dazu wie auf eine Frage nicht direkt zu antworten, ständig etwas zu vergessen oder zu spät zu kommen. Immer wieder Verabredungen platzen zu lassen, immer wieder etwas kaputtzumachen oder sich selbst zu verletzen (Finger klemmen, sich schneiden oder verbrennen, stolpern ...) sind ebenfalls Hinweise darauf, daß wir zeitweise nicht unser gesamtes Potential nutzen und uns selbst und anderen schaden oder ihnen zumindest hinderlich sind. Dies alles sind nun glücklicherweise Verhaltensweisen, die keineswegs untrennbar mit einer Person verbunden sein müssen. Wenn wir bei uns selbst solche immer wieder auftretenden Verhaltensmuster beobachten, können wir uns entscheiden, etwas anderes zu tun wie z. B.: ich benutze mein Erwachsenen-Ich selbst und besorge mir eine Kette für meine Brille, so daß ich sie nicht ständig suchen muß; im Gespräch achte ich darauf, daß ich nicht für andere antworte. Wenn ich jemandem helfen will, frage ich ihn zunächst, ob er die Hilfe haben will, und was er im einzelnen braucht.

Oft trifft es den Sachverhalt genauer, wenn ich die Formulierung ‚ich kann nicht' durch ‚ich will nicht' ersetze.

Es ist gut, solche Verhaltensmuster als Hinweise oder Zeichen anzusehen: Hier, an dieser Stelle kann ich mein Leben verbessern, kann ich es befriedigender gestalten. Dagegen nützt es nichts zu jammern: „Ach herrje, ich bin passiv, wie schrecklich!" „Was soll ich bloß machen?"

Nutzen Sie die Chance, genießen Sie die Möglichkeit, etwas Neues für sich herauszufinden und zu entdecken. Das bedeutet allerdings nicht, daß Veränderungen so leicht vollzogen sind, wie es sich lesen mag. Es kann sein, daß Sie feststellen: „Ich finde es sehr schön, daß mein Mann mir immer dabei hilft, meine Brille zu suchen." Vielleicht meinen Sie, daß Sie doch die ‚besseren' Antworten haben, oder Sie bemerken, daß die anderen, denen Sie bisher immer ‚geholfen' haben, nun auf einmal enttäuscht sind, wenn Sie Ihr Verhalten ändern.

Es kann allerdings auch so sein, daß sie feststellen: Die wollen meine Hilfe gar nicht wirklich. Oder: Meine Art von Hilfe ist gar nicht erwünscht.

Wenn Ihnen bisher oft ‚geholfen' wurde, dann können Sie auch allerhand Überraschungen erleben. Ihr Partner oder Ihre Freunde sind vielleicht nicht gerade begeistert, Sie plötzlich so selbständig zu erleben. Sie können dann merken, wie viele ungebetene Ratschläge Sie erhalten oder wie oft Ihnen ungefragt geholfen wird: „Ich habe ... schon mal erledigt, Du kannst das sowieso nicht!" „Du mußt einfach dies und das machen ..."

Passives Verhalten zu ändern hat auch zur Folge, daß man die Beziehungen zu anderen Menschen, die Art des Kontaktes zu ihnen verändert. So ist es nicht leicht, jemanden, den man bisher für hilfsbedürftig und unterlegen gehalten hat, nun als gleichberechtigt und selbstverantwortlich anzusehen. Ebenso schwer kann es sein, sich nicht mehr abzuwerten gegenüber einem Menschen, den man bisher immer als überlegen empfunden hat.

Wenn man ein altes und gewohntes Verhalten aufgibt, ist es wichtig, daß man auch herausfindet, was man stattdessen tun möchte. Es ist nicht möglich, es einfach ersatzlos zu streichen. Wir können aber Schritt für Schritt umlernen. Sie können neue

Freundschaften finden, alte Beziehungen können auch schwieriger werden. Vielleicht erleben Sie, daß mit einem Mal neue Bewegung in Ihr Familienleben kommt und sie einfach mehr Spaß und wirkliche Gemeinschaft mit anderen haben.

Viele werden sich nun fragen: „Helfen und Hilfe bekommen soll also passives Verhalten sein? Das sehe ich nicht ein!"

Wir alle brauchen Hilfe und Unterstützung von anderen bei der Lösung von Problemen oder bei der Bewältigung von bestimmten Situationen im Leben. Dabei kommt es allerdings darauf an, daß sowohl der Helfende als auch der Hilfe-Empfangende dies ohne Abwertung ihrer eigenen Bedürfnisse und Fähigkeiten tun. So brauche ich doch nicht erst krank zu werden oder vor Erschöpfung zusammenzubrechen, bevor ich meinen Partner darum bitten kann, mich doch einmal zu verwöhnen (ein schönes Essen, ein Kinobesuch, eine Massage, Ausschlafen am Samstag / am Sonntag morgen). Ich muß auch nicht erst meine Unfähigkeit unter Beweis stellen, wenn ich mir Hilfe holen möchte. Ich kann auch sagen: „Hilfst Du mir bei der Steuererklärung? So allein macht es mir keinen Spaß."

Und schließlich: Ich muß nicht jeden unterstützen, der mir hilfsbedürftig erscheint oder mich um Hilfe bittet. Meine eigenen Bedürfnisse und Wünsche sind ebenfalls wichtig und ich will sie berücksichtigen.

4.2 Beispiele aus dem Leben mit Kindern

Wir haben jetzt Beispiele gezeigt, wie man Probleme sehr wirkungsvoll und energiesparend lösen oder wie man alles mögliche unternehmen und trotzdem das Problem nur halbwegs oder gar nicht bewältigen kann, wenn man sein Denken und seine Wahrnehmung einschränkt. Noch einmal: Wir tun dies nicht bewußt, sondern haben im Laufe unseres Lebens gelernt, uns so zu verhalten. Und: Wir können dies ändern!

Viele Probleme im Zusammenleben mit anderen Menschen und besonders mit Kindern lassen sich vermeiden, wenn wir lernen, alle unsere Ich-Zustände zu benutzen. Wir können dann schon Signale wahrnehmen, die ein Problem ankündigen und dementsprechend handeln.

In Familien wirkt sich das Abwerten oder Mißachten meistens so aus, daß wir für Kinder mehr tun und entscheiden, als für sie nötig wäre, oder zu wenig tun und sie überfordern. Wir handeln entweder überbehütend oder vernachlässigend. Das Kind kann seine Kräfte entweder nicht voll entfalten oder es muß seine Energie, statt sie unter Schutz zum Lernen zu verwenden, dafür einsetzen, sich selbst zu schützen und sie in Angst, Ärger und Schmerz investieren.

Nachfolgend beschreiben wir angemessene Problemlösungen in der Alltagssituation, Überbetreuung und Unterversorgung von Kindern und Jugendlichen. Wir versprechen uns davon, daß Sie dadurch aufmerksam werden auf eigene Abwertungsmechanismen und für Lösungen, die zum erwünschten Ziel führen. Wir selbst entdecken jeden Tag, wie hilfreich es sein kann, auf passives Verhalten bei uns selbst und anderen zu achten und es zu ersetzen durch Aufmerksamkeit und Denken.

Was ein Kind braucht oder schon leisten kann, beschreiben wir in den Kapiteln zwei und drei.

0–6 MONATE

Eine Mutter will mit ihrer kleinen Andrea aus dem Haus gehen und mit dem Bus eine zweistündige Fahrt zu ihrer Mutter machen. Sie hat Andrea gerade fertiggemacht und stellt fest, daß sie schon wieder volle Windeln hat. Sie ist in Eile und denkt: „Ach das stört sie nicht so, ich kann sie auch bei meiner Mutter wickeln." Unterwegs fängt die Tochter an zu wimmern und hört nicht auf, bis sie am Ziel sind. Als sie das Kind dann wikkelt, stellt sie fest, daß es Durchfall und einen ganz wunden Po hat.

Die Mutter ignoriert die vollen Windeln und die eventuellen Folgen für ihr Kind, sie benutzt ihr ER und EL nicht, um das Kind vor den unangenehmen Folgen der vollen Windel zu schützen. Sie fühlt sich mit ihrem K nicht ein.

Zwei Väter versorgen morgens gemeinsam ihre Kleinen. Ein Vater wickelt seinen 6 Monate alten Sohn auf der Wickelkommode. Die beiden Männer unterhalten sich. Der Vater an der Wickelkommode geht zum Schrank, zu dem er fast hinreichen kann, weil er Salbe vergessen hat. Da fragt sein Freund: „Kannst du ihn einfach so liegen lassen und weggehen?“ „Ja“, sagt der andere, „er bleibt immer so liegen, er ist ganz pomadig.“ In dem Augenblick macht das Baby eine Drehung und der Freund kann es gerade noch festhalten. Das Baby schreit vor Schreck und die Väter sind auch erschrocken. Der Freund: „Mensch, eben wollte ich dir erzählen, daß mein Kinderarzt alle Eltern immer davor warnt, Kinder unbeaufsichtigt hinzulegen, weil die Verletzungen durch hinunterfallende Säuglinge recht häufig und die Schäden, die manche Kinder davontragen, schwerwiegend sind.“

Der Vater mißachtet hier die Fähigkeit und Unberechenbarkeit eines so kleinen Kindes, sich plötzlich zu bewegen, er benutzt sein ER nicht angemessen. Sein nEL setzt er zum Schutze des Kindes auch nicht ein. Das Kind erlebt, daß es nicht sicher ist, jedenfalls nicht in diesem Moment.

Frau K. hat ihr erstes Kind und fährt es im Park spazieren. Sie hat einen hochmodernen Kinderwagen mit einem hübschen Zierkissen obendrauf, das zum Kopfkissen paßt. Es ist ein warmer Maitag und die Sonne scheint schön warm. Frau K. hat das Verdeck des Wagens hochgezogen, wegen der Sonne. Zwischen Verdeck und Kissen ist ein kleiner Spalt, damit das Kind nicht friert, weil das Kind ja seine Wärme noch nicht regulieren kann. Zwei Damen gehen vorbei und machen sie darauf aufmerksam, falls unter dem Kissenberg ein Kind liegt, dieses wahrscheinlich unter einem Hitzestau leiden und nicht genug Lichtstrahlen bekommen könne. Frau K. ärgert sich über die Einmischung und denkt: „Was geht das die an, jetzt gerade nicht!“

Sie benutzt nicht ihr ER: Wenn das Kind die Temperatur noch nicht gut regeln kann, dann ist auch ein Zuviel an Wärme nicht gut. Sie tut zuviel des Guten mit ihrem dicken Kissen und dem Verdeck. Auch dieses Baby kann sich nicht sicher fühlen.

Die Mutter reagiert aus ihrem Kind-Ich mit Trotz und läßt angemessenes nEL vermissen.

Herr J. hütet seine und die Nachbarskinder. Sein 6 Monate altes Baby liegt auf dem Fußboden und kräht vor Vergnügen. Um es her toben drei kleine Kinder. Herr J. möchte gern einen wichtigen Brief schreiben.

Er überlegt, ob der Augenblick günstig ist: Die anwesenden Kinder fesseln die Aufmerksamkeit des Babies. Es guckt interessiert zu. Die größeren toben und sind ebenfalls gut versorgt.

Er holt ein Laufgitter, das er nur für kurze Arbeiten zum Schutz des Kindes benutzt, gibt ihm sein Spielzeug hinein, setzt sich daneben und schreibt seinen Brief.

Herr J. überprüft die Lage und sorgt aus seinem nEL und ER für die unterschiedlichen Bedürfnisse der Kinder nach Schutz. Mit seinem Kind-Ich fühlt er sich in sie ein. So findet er einen Kompromiß, der auch seinem Vorhaben gerecht wird.

Ein junges Elternpaar mit einem 4 Monate alten Sohn hat Besuch. Gerade als alle am Kaffeetisch sitzen, fällt der Mutter auf, daß der Junge sich anders verhält als sonst. Er fühlt sich in keiner Lage wohl in ihren Armen, bei seinem Vater verhält er sich ebenso und von Zeit zu Zeit gibt er jämmerliche Laute von sich. Alle Besucher geben den Eltern Ratschläge. Eine Mutter sagt: „Das haben die manchmal, stell ihn einfach mal weg, der will Ruhe haben!“ Als der Sohn lauter jammert und weint, wird die Mutter immer unruhiger. Sie würde sich gern beruhigen lassen. Sie und ihr Mann entscheiden, daß sie hier nur ein Arzt beruhigen kann. Sie überläßt die Gäste ihrem Mann und geht zur nahen Kinderärztin. Die stellt fest, daß das Kind eine beginnende Mittelohrentzündung und wahrscheinlich unangenehme Schmerzen hat. Sie gibt ihr entsprechende Verhaltensempfehlungen und ein Medikament.

Die Eltern haben nicht lange gezögert, sie haben aus ihrem ER entschieden, daß sie selbst nicht herausfinden können, was ihrem Kind fehlt, haben mit ihrem nEL festgestellt, daß das Kind wichtiger ist als Kaffeebesuch und eine schnelle und für das Kind schonende Maßnahme ergriffen. Jetzt sind alle Beteiligten entlastet.

Ein kleines Mädchen, 5 Monate alt, liegt auf seiner Decke

auf dem Teppich und wirft seine Oberschenkel übereinander, um sich umzudrehen. Die Mutter sitzt vor ihr, lacht mit ihr und sagt bewundernd: „Ja, gut!! Hmm, du kannst es!"

Die Mutter unterstützt das Kind aus dem nEL und mit ihrer Begeisterung.

6–18 MONATE

Frau H. ist tagsüber allein mit ihrem 15 Monate alten Sohn Martin. Er ist ein lebhafter kleiner Kerl und, seit er laufen kann, kaum zu bremsen. Er klettert auf Sessel und Sofa, guckt in alle Behälter, wirft Gegenstände hinein, kippt Blumentöpfe um und ist erstaunt und glücklich über seine Wirkung.

Frau H. ist noch sehr jung und hat sich vorgestellt, daß es gemütlich und kurzweilig mit einem niedlichen Kleinkind sein würde. Nun muß sie immer nur aufpassen, daß er nicht am Fernseher dreht, von irgendwo herunterfällt, etwas vom Teewagen schmeißt und Blumen zerfetzt. Sie schreit ihn an, verhaut ihn, und als alles nichts hilft, sagt sie eines Tages: „So, nun soll er sehen, was passiert, wenn er nicht gehorcht, ich passe jetzt nicht mehr auf, daß er sich nicht verletzt, er will es ja nicht anders!"

Frau H. hat kein gut informiertes ER. Sie weiß nicht, daß Martin noch nicht so weit ist, daß er Verbote schon begreift und verinnerlicht, weil er noch kein Eltern-Ich entwickelt hat, das ihm sagt, was seine Mutter will.

Sie benutzt ihr Erwachsenen-Ich nicht, um dem Kind das Leben lustvoll zu machen. Sie läßt alles so, wie es in ihrer Wohnung vor Martins Geburt war. Er darf nicht auf Entdeckungsreisen gehen, nichts ausprobieren und wird andauernd bestraft. Dazu wird er noch auf schädigende Weise verhauen für etwas, das er zur Entwicklung ebenso braucht wie Nahrung. Frau H. ist überwiegend in ihrem Kind-Ich. Sie „erzieht" aus dem Kind-Ich und rächt sich an dem Kleinen, wenn er etwas kaputtmacht. Sie gibt ihm nicht den nötigen Schutz für seine Lernerfahrungen. Sie fühlt sich nicht mit ihrem K in ihn ein, spielt nicht mit ihm und erfindet keine Lösungen, um das Zimmer kindersicher zu machen. Martin macht die Erfahrung, daß

Forschen und Neugier nicht erwünscht sind und mit Schmerzen in Verbindung gebracht werden. Frau H. empfindet die Entwicklungsschritte als gegen sich gerichtet. Leider ist dieses Beispiel keine Ausnahme!

Eine Großmutter hütet ihre Enkelin, die 1 Jahr alt ist. Obwohl sie schon laufen kann, läßt sie die Kleine fast den ganzen Tag im Bett, weil sie Angst hat, daß sie sich auf dem Fußboden erkälten könnte. Sie hat außerdem Angst vor Bakterien und reibt alle Möbel im Kinderzimmer täglich mit einer Desinfektionslösung ab. Deshalb soll ihre Enkelin auch nicht gern mit dem Fußboden in Berührung kommen und auf dem Spielplatz nicht mit den schmuddeligen kleinen Raufbolden in der Sandkiste spielen. Sie paßt höllisch auf, daß ihr niemand zu nahe kommt. Nur gegen den eigenen Hund hat sie nichts, der ist genauso gepflegt, wie die ganze Familie.

Diese Großmutter verhindert durch Überbehütung Lernerfahrungen des Kindes, sie benutzt in übertriebener Weise schützendes EL, ohne daß sie ihr ER zur Kontrolle der Realität einsetzt. Sie handelt nicht für das Enkelkind, sondern für ihr eigenes ängstliches Kind-Ich! Und es scheint so, daß sie aus einem Kind-Ich handelt, das als nEL verkleidet daherkommt.

Mara bekommt zum zweiten Geburtstag, hübsch von ihrer Oma verpackt, farbige Holzklötze zum Ineinanderstecken geschenkt. Die Mutter wickelt das Geschenk aus, zeigt es begeistert ihrer Tochter und fängt an, das Spielzeug zu untersuchen und damit zu spielen.

Die Oma: „Ach, M., das kann doch Mara selbst herausfinden! Und ich hatte mich gerade so darauf gespitzt, wie sie das Paket auspackt und was sie dann damit macht.“ Die Oma ist nun in Fahrt gekommen und sagt ihrer Tochter gleich noch was: „Das erinnert mich an unseren Besuch bei euch vorige Woche. Da habe ich mir Gedanken darüber gemacht, ob es nicht schwierig für Mara ist, richtig sprechen zu lernen, wenn ihr hier in der Familie alle Babysprache mit ihr sprecht? „Nein, teine ßotelade mehr! Kuck mal, Wauwi!“

Die Mutter antwortet: „Also, du verlangst ja viel. Die Kleine kann doch noch gar nicht mit solchen Steckbausteinen spielen und das Paket kann sie auch nicht richtig auspacken, sie fetzt nur mit dem Papier herum!"

Sie mißachtet die Fähigkeiten ihrer Tochter, z. B. ein Paket auszupacken. Sie kommt aus dem kontrollierenden EL, sie bestimmt, wie das Kind „richtig" ein Paket auspacken muß. Sie ist im Kind-Ich, konkurriert mit Mara und nimmt ihr die Freude am Experimentieren.

Mara lernt, daß sie nichts kann und daß andere für sie denken und handeln. Sie wird durch die Babysprache künstlich klein gehalten. Ihre Mutter möchte nicht die wirkliche Mara, sondern eine niedliche kleine hilflose Mara.

Johannes, 3 Jahre alt, ist schon den ganzen Morgen nörgelig und will nichts von all dem, was seine Tante, die ihn hütet, ihm an Unternehmungen vorschlägt. Sie will mit ihm für das Mittagessen frisches Gemüse einkaufen. Er schmeißt sich hin, will hierbleiben. Nach einer Weile gibt sie auf. „Gut, dann bleiben wir eben hier und essen Pfannkuchen, die mag er ja auch gern", denkt sie. Als sie die Pfannkuchen auf dem Tisch hat, nörgelt er: „Die eß' ich nicht." Sie bittet ihn nach allen Regeln der Kunst. Je mehr sie bittet, umso mehr weigert er sich. Sie räumt das Essen wieder ab und er macht ein Mordsgeschrei.

Jetzt will er wieder die Pfannkuchen essen, dann doch wieder nicht. Sie versucht, ein freundliches Gesicht zu machen, ist genervt und nennt ihn „Puschi". Sie denkt: „Bloß alles vermeiden, was ihn reizen könnte, sonst kriegt er einen Wutanfall, das halt' ich nicht aus! Was denken die Leute bloß, die denken doch, ich kann nicht mit Kindern umgehen. Er darf nicht merken, daß ich mich ärgere."

Johannes ist nicht klar mit sich, er kann sich nicht entscheiden. Seine Tante verlangt viele Entscheidungen von ihm. Weil sie nicht zeigt, was und daß sie denkt und fühlt, trifft er nirgends auf einen klaren Standpunkt bei ihr. Sie schreibt ihm einerseits Macht zu, die er nicht hat. Andererseits mißachtet sie seine Fähigkeit, sich an ihre Entscheidungen anzupassen, wenn er so hin- und hergerissen ist. Sie benutzt ihr ER nicht, um seine Lage zu erfassen und nicht, um ihren Standort zu finden. Sie geht nicht davon aus, daß sie hier die Erwachsene ist. Sie tut so, als ob der Wutanfall dieses kleinen Jungen für sie unerträglich wäre. Die Meinung der Leute ist wichtiger als die Lösung des Problems, wobei die Meinung der Leute ihr gar nicht bekannt sein kann. Ihre Vermutungen sind ihre eigenen Ansichten über sich selbst. Sie wertet auch die Fähigkeit von Johannes ab, ertragen zu können, wenn sie einmal ärgerlich und genervt ist und mißachtet seine Fähigkeit, das zu durchschauen. So kann er sich auch nicht durch sie orientieren, sondern wird noch unsicherer gemacht. Kinder merken sehr wohl, wenn Erwachsene Ihnen ihre Gefühle verbergen. Sie sind in ihren ersten Lebensjahren darauf angewiesen, die nichtsprachlichen Signale der Menschen ihrer Umgebung zu deuten und daher aufmerksame Beobachter. Johannes' Tante ist im nEL oder im aK, ihr fK mißachtet sie.

Anitas Eltern haben sich heftig über ihre Arbeitsteilung im Haushalt gestritten, sich danach geeinigt und wieder versöhnt. Anita mag nicht, wenn die beiden sich streiten. Sie ruft ihnen zu, daß sie aufhören sollen. Danach geht sie mit ihrer Mutter einkaufen und fängt noch einmal an, über den Streit zu sprechen: „Papa darf nicht mit dir schimpfen." Ihre Mutter widerspricht ihr. „Wir waren ärgerlich übereinander und es ist richtig, sich das auch zu sagen. Wir haben uns auch wieder vertragen, wir haben uns trotzdem sehr lieb. Du brauchst keine Sorgen um uns zu haben, wir sind die Eltern und die sorgen für die Kinder. Die Kinder sind nicht dazu da, sich um die Eltern zu sorgen."

Die Mutter macht das Kind nicht zu ihrer Vertrauten. Durch Informationen aus dem Erwachsenen-Ich zieht sie die wichtige Generationsgrenze, deren Überschreitung für das Kind belastend wäre. Es würde in eine Verkehrung der Rollen gedrängt und müßte Energie in eine schwierige Aufgabe stecken, die ihm zur Entfaltung seiner altersgemäßen Fähigkeiten fehlen würde. Sie gibt der Tochter außer den Informationen Schutz aus dem ER und nEL. Sie tröstet und beruhigt das Kind. Sie vermittelt ihm dadurch gleichzeitig, daß Gefühle auszudrücken berechtigt ist, wie hier Ärger, und daß Ärger nicht zum Abbruch von Beziehungen führt, sondern auch zur Lösung von Problemen führen kann.

18–36 MONATE

Jan hat ein Bauwerk aus allerlei Küchengerät gebaut. Er hat Reibe, Siebe, Trichter usw. zu einem Turm aufgebaut und zeigt es stolz seiner Mutter: „Guck mal!"

Mutter: „So'n Quatsch, du Dummer! Jetzt kann ich alles wieder abwaschen. Mit diesen Sachen hast du nicht zu spielen!"

Die Mutter fühlt sich nicht ein, sie benutzt nicht ihr K, benutzt nicht ihr nEL und ER, um die Leistung des Kindes zu würdigen.

So kann es nicht erfahren, daß es etwas schafft und daß es liebenswert ist. Sie begegnet ihm aus dem kEL und vermittelt: ‚Sachen sind wichtiger als du'. Sie schreibt ihm außerdem zu, dumm zu sein. Das ist besonders in dieser Zeit, da sich das ER des Kindes zu bilden beginnt, verhängnisvoll, falls Jan das glaubt, was sie sagt.

In der Kindergruppe malen die zweijährigen Kinder mit Fingerfarben. Eine Mutter setzt sich zu ihrer Tochter und malt in die Kreise ihres Kindes hinein. Die anderen Erwachsenen fordern sie auf, das zu unterlassen. Sie antwortet: „Sie kann das gar nicht allein schaffen; denn sie hat zwei linke Hände wie ihr Vater."

Die Mutter benutzt nicht ihr ER. Das Kind braucht hier gar keine Leistung im Sinne der Mutter zu erbringen, das was es will, kann es bereits. Die Mutter ist in ihrem kritischen Eltern-Ich und wertet die Fähigkeiten des Kindes zu malen grundlos ab. Außerdem schreibt sie dem Kind Eigenschaften des Vaters zu, bevor dieses sich betätigen kann. So wird das Kind beim Malen entmutigt. Die Mutter ist auch im Kind-Ich, sie konkurriert mit der Tochter.

Die Eltern bemalen mit ihren Kindern Ostereier. Die dreijährigen Zwillinge machen eifrig mit, sie haben dicke Stifte bekommen und der Vater hat Kalkeier besorgt, die nicht kaputtgehen, wenn die Kinder sie fest anfassen.

Die Eltern haben an alle Kinder gedacht, die kleinen mit altersentsprechendem Material versorgt und ihren Möglichkeiten ein Betätigungsfeld geschaffen. Diese haben das Gefühl, wichtig zu sein, mithalten zu können, dazuzugehören und sind ernstgenommen mit ihrer Aufgabe. Die Eltern haben alle drei Ich-Zustände eingesetzt.

Herr B. spielt mit mehreren Kleinkindern am Strand und die Kleinen wollen jetzt gerne mit dem Schlauchboot von Herrn B. durch die Wellen gezogen werden. Herr B. mag das auch gern und ist einverstanden. Die Kinder stürmen zum bereitliegenden Boot. „Halt“, ruft Herr B. „Nur wer eine Schwimmweste anhat, darf einsteigen!“ Die Kinder haben für alle vier nur eine Weste. Sie murren, einer heult laut. Herr B. fragt: „Was machen wir denn jetzt?“ „Du kannst uns festhalten!“ „Nein, das nützt nichts, wenn mehrere Kinder auf einmal im Boot sind und einer ins Wasser fällt.“ Die Kinder laufen mit Herrn B. zur entfernt sitzenden Elterngruppe. Alle zusammen beratschlagen, wie sie das Problem lösen können. Die Kinder machen Vorschläge und bitten, daß sie doch abwechselnd bootfahren können, und ein anderer Erwachsener bei ihnen am Wasser sein könnte. Eine Mutter schlägt vor, das Unternehmen bis später am Nachmittag aufzuschieben, weil sie erst noch ihre Ruhepause genießen will. Am Ende versprechen die Kinder, nahe bei den Eltern im Sand zu spielen, wenn einer nach dem anderen im Boot fährt. So machen sie dann das auch.

Herr B. hat aus seinem ER gehandelt, als er verlangte, daß die Kinder nur mit Schwimmweste bootfahren dürften, denn keins der Kinder kann schwimmen und er kann nicht davon ausgehen, daß sie sich alle still hinsetzen und so bleiben, wenn irgendetwas sie ablenkt. Auch wenn das Wasser am Ufer nicht sehr tief ist, kann er sie nicht schützen, wenn das Boot z. B. kentert. Er geht auf die Kinder ein und sucht mit ihnen und den anderen Eltern eine Lösung, die für alle annehmbar ist. Sie setzen ihr ER ein, ihr kEL durch ein klares Verbot und ihr nEL für Schutz und Erlaubnis und ihr K, das die Bedürfnisse aller berücksichtigt. Die Kinder sind an der Problemlösung beteiligt, lernen zu insistieren und nachzudenken unter dem Schutz der Erwachsenen. Sie erleben ein Modell für Zusammenarbeit.

Mathias schreit wie am Spieß, weil das Krabbelkind ihm seinen Bauklotzturm umgeworfen hat, den er erfindungsreich und nach langen Mühen aufgebaut hatte. Die anwesenden Erwachsenen reagieren ganz unterschiedlich. Eine Freundin der Mutter sagt: „So ist das nun mal, das machen die Kleinen so, sie werfen alles um, sie wissen es noch nicht besser und haben Spaß, wenn der Turm zusammenkracht." Ein anderer sagt: „Du hast das auch so gemacht als du so klein warst, nun mußt du das auch erleben!"

Die Eltern sagen: „Du hast recht, wenn du ihm sagst, daß kleine Kinder es so machen und du hast nicht recht, wenn du meinst, daß das Schicksal ist und Mathias nichts dagegen tun kann." Der Vater fragt Mathias, was er möchte und er sagt, daß er bauen möchte, Gerd nicht alles kaputtmachen soll, daß er bei den Eltern im Zimmer bleiben will. Sein Vater baut ihm in einer Ecke eine Sperre aus Möbeln, über die das Baby nicht wegkommt, und Mathias kann weiterspielen.

Die Eltern benutzen alle drei Ich-Zustände. Mit ihrem Kind-Ich fühlen sie sich ein in Mathias und verstehen sein Bedürfnis. Sie setzen ihr ER ein, erklären den Erwachsenen, daß sie nicht passiv zu sein brauchen und finden eine Lösung für das Problem, indem sie Mathias einbeziehen. Mit ihrem nEL bieten sie ihm Schutz und vermitteln ihm liebevoll, daß er genauso wichtig ist wie das Baby. Er muß nicht jetzt verzichten, weil er als Baby die Freiheit hatte, Bauklötze umzuwerfen. Mathias hat ein Modell zur Problemlösung und Ermutigung bekommen zu handeln, um seinen Ärger zu beheben.

Frau K. ist mit Ursula, zweieinhalb, bei ihrer Freundin, damit sie mit der zweijährigen Beate spielen kann. Beide sind Einzelkinder. Sie geraten zunächst heftig aneinander, weil sie sich gegenseitig das Spielzeug wegnehmen. Ursula kneift

Beate kräftig in den Arm und läßt den Arm nicht wieder los. Frau K. nimmt sie weg und sagt: „Es ist nicht in Ordnung, Beate wehzutun, ich nehme dich jetzt jedesmal und halte dich solange fest, bis du damit aufhörst. Ich will nicht, daß du Beate wehtust!" Ursula schreit wütend und will sich losreißen. Frau K. hat das schon erwartet und hält durch. Zweimal an diesem Tag nimmt Frau K. die Tochter aus einer so schwierigen Situation heraus. Ihre Freundin ist nachdenklich geworden. Sie meint: „Das kann ich ja auch mal probieren, wenn Beate wieder ein Kind beißt, das tut sie nämlich manchmal."

Frau K. handelt aus dem EL. Sie setzt eine klare Grenze für Ursula, sie zeigt ihr die Auswirkungen ihres Handelns. Sie unterstützt sie, indem sie bei ihr bleibt und nimmt sie ernst, indem sie durchhält und sich nicht in die Kindrolle begibt und sich hilflos stellt und jammert. Sie hat ihr ER benutzt, um zu überlegen, wie sie am besten reagieren kann. Hauen hat sie ausgeschlossen. Sie will nicht unerwünschtes Verhalten mit ebensolchem Verhalten beantworten.

3–6 JAHRE

Michael (4) kommt laut brüllend nach Hause gerannt. Seine Handflächen sind aufgeschürft und auch am Knie blutet er. Seine Mutter empfängt ihn an der Tür: „Aber Michael, was ist denn los?" „Ich bin hingefallen, weil ich so schnell gerannt bin. Es tut so weh!" Er weint wieder los. „Michael, Du bist doch so groß. Hör mal auf zu weinen. Ich kleb ein Pflaster drauf und dann ist der Schmerz weg."

Michael hat sich wirklich weh getan. Er fühlt den Schmerz und drückt ihn auch aus. Seine Mutter geht aber nicht angemessen darauf ein („große Kinder weinen nicht"). Das Gefühl von Michael und wie er es zeigt, ist nicht erlaubt.

Katharina (5) geht mit ihrer Mutter auf den Spielplatz. Katharina trifft dort einige gleichaltrige Freunde, mit denen sie bald eifrig im Spiel versinkt. Die Mutter sitzt auf der Bank und liest. Auf einmal ertönt großes Geschrei! Die Kinder haben angefangen, sich zu streiten. Die Mutter kann aber nicht erkennen, worum es geht. Katharina kommt jammernd an: „Mama, hilf mir mal; die sind so ungerecht zu mir.“ Die Mutter geht mit ihr zu den Kindern. Sie schimpft mit ihnen: „Ihr dürft aber nicht so ungerecht sein!“

Katharinas Mutter meint es gut mit ihrer Tochter. Leider wertet sie dabei Katharinas eigene Fähigkeit, zu denken und sich entsprechend zu verhalten, ab. Kinder in diesem Alter haben immer wieder Konflikte und sind meistens auch in der Lage, selbst etwas zu tun.

Lena (4½) macht mit ihrem Vater ein Puzzle. Sie ist mit großem Eifer bei der Sache. Ihr Vater guckt eine Weile zu. Dann fängt er plötzlich an, mit großer Geschwindigkeit das Puzzle zusammenzufügen. „Du brauchst einfach zu lange. Ich glaube, Du bist noch zu klein dafür.“

Lenas Vater hat selbst Lust, das Puzzle zu machen. Obwohl Lena selbst durchaus schon dazu in der Lage ist, das Puzzle zu machen, nimmt er ihr das Spiel weg. Auch in dieser harmlosen kleinen Spielsituation steckt eine Abwertung von Lenas Denkvermögen und ihrer Freude am Spiel.

Friederike (4) klettert auf einen sehr hohen Baum. Sie benutzt dabei dünne brüchige Äste zum Höherklettern. Als sie oben angekommen ist, ruft sie begeistert: „Guck mal, Papa, wo ich bin!“ Der Vater guckt einmal kurz auf („Sie muß wissen, was sie tut.“) und arbeitet dann im Garten weiter. Es gibt ein Krachen und Friederike fällt vom Baum herunter.

Friederike ist begeistert vom Bäumeklettern. Sie benutzt dabei nur ihr Kind-Ich. Ihr Eltern-Ich ist noch nicht funktionsfähig genug, um sie zu schützen. Der Vater wertet sein eigenes Eltern-Ich ab, so daß Friederike nur unzureichend geschützt ist. Gerade jetzt beginnen die Kinder durch den Aufbau der Eltern-Ich-Funktion, sich selbst zu schützen. Damit ihnen dies gut gelingt, brauchen sie als Unterstützung ein gutes Eltern-Ich der Eltern, das sie verinnerlichen können.

Die Aufgabe der Eltern besteht auch hier wieder darin, herauszufinden, was für ihr Kind wichtig ist und welche Fähigkeiten es genau hat.

Niklas (4) kommt laut schreiend nach Hause. Er trampelt mit den Füßen, als seine Mutter die Tür öffnet: „Hallo Nickel, was ist los mit Dir?“ Er schreit lauter und trampelt weiter. „Bist du wütend? Erzähl mir, was passiert ist!“ Er beruhigt sich etwas: „Wir haben mein Flugzeug in die Luft geworfen, Isabell und ich. Und Isabell schnappt es mir immer weg. Ich bin ganz wütend auf sie.“ „Ich kann verstehen, daß du wütend bist. Du kannst sprechen und brauchst nicht zu schreien wie ein kleines Kind. Geh doch zu Isabell und sag ihr, was du willst. Ihr werdet schon herausfinden, wie ihr es anders machen könnt.“ Niklas hört auf zu schimpfen, klemmt sein Flugzeug unter den Arm und macht sich auf den Weg zu Isabell.

Die Mutter ist auf Nickels Wut eingegangen. Sie hat sein Erwachsenen-Ich angeregt („Erzähl mir, was passiert ist“) und bestärkt ihn darin, eine eigene Lösung für seinen Konflikt zu finden. Daß ihr dies gelungen ist, kann sie an seiner Reaktion erkennen. Er geht beruhigt und in guter Stimmung zu seiner Freundin zurück.

6–12 JAHRE

Stefanie (6½) schläft nachts unruhig. Sie wacht weinend auf und läuft zu ihren Eltern. „Ich habe solche Angst. In meiner Zimmerecke sitzt ein dicker Zwerg.“ „Hör auf zu heulen! Ich brauche meinen Schlaf!“, sagt ihr Vater. „Kann ich nicht wenigstens bei euch schlafen?“, bittet Stefanie. „Nein! So ein Quatsch! Geh in Dein Bett und mach das Licht wieder aus.“ Stefanie geht weinend ins Bett zurück.

Der Vater nimmt die Angst seiner Tochter nicht ernst, für ihn ist sie Quatsch. Er ist ganz und gar in seinem Kind-Ich und denkt nur an seinen Schlaf. Er geht nicht auf ihre Angst und ihre Phantasien ein, weder tröstend und fürsorglich, noch der Vernunft entsprechend. Er könnte ihr ja ins Gedächtnis rufen, daß es keine Zwerge gibt, und er könnte ihr zur Beruhigung eine kleine Lampe anmachen.

Malte (9) geht in die dritte Klasse. Seine Mutter kontrolliert jeden Morgen seinen Schulranzen, damit er nichts vergißt. Eines Morgens ist die Mutter krank und achtet nicht auf Maltes Schulsachen. Als sie aufsteht und in die Küche kommt, sieht sie, daß Malte seinen Turnbeutel stehengelassen hat. Obwohl sie sich schlecht fühlt, zieht sie sich an und eilt in die Schule. Malte kann also ungehindert am Turnunterricht teilnehmen.

Die Mutter von Malte ist sehr fürsorglich. Sie denkt und handelt für ihn. Da er in diesem Alter aber schon sehr gut denken und selbst für seine Schulsachen sorgen kann, tut sie des Guten zuviel. Malte lernt auf diese Weise nicht, seine Angelegenheiten selbst zu bedenken und bleibt von ihr abhängig. Bei ihrer Fürsorge für Malte vernachlässigt Maltes Mutter ihre eigenen Bedürfnisse. Maltes Turnbeutel ist ihr wichtiger als ihre Gesundheit.

Die Eltern von Lisa (9) haben sich getrennt. Lisas Vater lebt nun allein. Die Mutter ist mit Lisa und ihrem Bruder in eine andere Stadt gezogen. Lisa ist traurig darüber und sie erzählt ihrer Tante von ihren Gedanken. „Mir tut Papi so leid. Er ist jetzt ganz allein, was soll er bloß machen ohne uns." Lisas Tante tröstet sie: „Ich kann verstehen, daß du traurig bist. Es kann auch sein, daß dein Vater unglücklich ist. Aber er ist erwachsen. Er kann darüber nachdenken, wie er seine Situation verändern kann, damit es ihm besser geht. Dazu braucht er die Hilfe von anderen Erwachsenen. Du als seine Tochter brauchst dir darüber keine Sorgen zu machen."

Lisa ist besorgt um ihren Vater. Sie benutzt ihr Eltern-Ich, das noch unfertig ist, um ihrem Vater zu helfen. Dabei wertet sie die Fähigkeiten des Vaters ab. Die Tante hilft ihr mit ihrer Erklärung, die Fähigkeiten des Vaters und die Tatsache, daß er erwachsen ist, zu erkennen. Die Tante tut dies liebevoll und tröstend und geht damit auch auf Lisas Traurigkeit ein.

Jan (9) ist ein lebhafter Junge. Neben der Schule hat er noch viele andere Verpflichtungen. Er nimmt Klavierunterricht und spielt Fußball im Sportverein. Einmal in der Woche geht er in eine Pfadfindergruppe. Jan genießt alle diese Aktivitäten. Aber manchmal, wenn er sonntags mit seiner Mannschaft zum Spiel fährt, ist er doch auch etwas erschöpft.

Eines Tages ruft der Sportlehrer der Schule an und bittet die Eltern, Jan in die Fußballmannschaft der Schule eintreten zu lassen: „Er ist sehr geschickt und wendig. Jan wäre eine Bereicherung für unsere Mannschaft." Die Eltern stimmen begeistert zu.

Jans Eltern sind stolz auf ihren Sohn. Deshalb vergessen sie, genau zu prüfen, ob Jan nicht vielleicht etwas anderes braucht als Anerkennung für seine guten Leistungen. Sie werten die Kind-Bedürfnisse von ihm ab. Er braucht auch Ruhe und Geborgenheit und die Gewißheit, daß er geliebt wird, weil er da ist, und nicht wegen besonderer Leistungen. Die Eltern sind für seinen Schutz da, solange er sich noch nicht selbst mit einem vollentwickelten Eltern-Ich schützen kann.

Annika (7) hat in der Schule eine neue Freundin gefunden. Die beiden sind unzertrennlich und wollen am liebsten jede freie Minute gemeinsam verbringen. Leider wohnt die Freundin nicht in der unmittelbaren Nachbarschaft. Auf dem Weg zu ihr muß man über eine Ampelkreuzung. Daher beschließt die Mutter, den Weg zur Freundin mit Annika die ersten Male und erklärt ihr ganz genau, wie sie sich im Verkehr richtig verhält. Beim letzten Mal läßt sie sich von Annika führen. Dabei stellt sie fest, daß Annika sehr vorsichtig und sorgfältig ist.

Annikas Mutter will ihre Tochter darin unterstützen, selbständig zu werden. Sie prüft dafür die Situation und gibt der Tochter den notwendigen Schutz. Damit unterstützt sie Annikas Denk- und Handlungsvermögen. Sie bringt ihr auf sichere Weise bei, sich im Verkehr angemessen zu verhalten. Gerade im Verkehr brauchen die Kinder sehr viel Schutz, da ein Fehler tödlich sein kann. Schon allein aufgrund ihrer Größe können Kinder den Verkehr nur schwer überschauen. Mit Hilfe der Eltern können sich Kinder aber allmählich einen eigenen Schutz geben, indem sie die elterlichen Unterweisungen zum Aufbau ihres Eltern-Ichs benutzen. Zuviel Schutz und ein ängstliches Fernhalten ohne Erklärungen gefährden die Kinder mehr als ein sorgfältiges, vorsichtiges Einüben in den Umgang mit dem Verkehr.

Klaus (13 ½) will am Wochenende mit einer Jugendgruppe zu einem Turnier ins Jugendlager fahren. Seine Mutter hat schon leckeren Proviant besorgt. Sonnabend morgen soll es losgehen. Freitag mittag bespricht die Mutter mit ihm, was er alles mitnehmen muß und fordert ihn auf, seinen Rucksack selbst zu packen. Klaus sagt: „Ja, ja" und verläßt das Haus, um Freunde zu besuchen. Als er abends nach Hause kommt, ermahnen ihn seine Eltern. Klaus beschließt aber, sich erst noch einen Krimi anzusehen. Danach geht er gleich ins Bett, weil er so müde ist. Vorher teilt er seinen Eltern mit, daß er morgens seinen Rucksack packen wird.

Als er schläft, packen die Eltern ihm den Rucksack, obwohl sie selbst schon sehr müde sind.

Die Eltern von Klaus wollen ihn eigentlich zur Selbständigkeit erziehen. Sie wagen aber nicht, ihn mit den Folgen seines Verhaltens zu konfrontieren. Damit werten sie seine Handlungsfähigkeit ab. Ihr eigenes inneres Kind vernachlässigen sie, denn ihr Schlaf ist ihnen nicht so wichtig wie der gepackte Rucksack von Klaus. Auf diese Weise lernt ihr Sohn, daß sie zwar Eigenverantwortlichkeit von ihm fordern, sie ihm aber nicht wirklich zutrauen.

Karin (16) ist mit der Schule fertig. Sie hat ein gut durchschnittliches Abgangszeugnis. Seit einiger Zeit macht sie sich Gedanken über ihre Berufsausbildung. Durch die Gespräche und die Beratung in der Schule ist sie darauf gekommen, daß sie gerne die Fachhochschule besuchen möchte, um Ingenieurin zu werden. Sie hat sich über den Ausbildungsgang auch schon Informationen besorgt. Als sie mit ihren Eltern ihre Überlegungen bespricht, sind diese gar nicht begeistert. „Ich hatte mir für dich eigentlich einen ganz anderen Beruf vorgestellt, vielleicht im Büro oder so", sagt die Mutter. Und der Vater: „Na, also Ingenieurin, das ist doch wohl nicht das richtige für dich. Du hast doch gar nicht genug technisches Verständnis. Und überhaupt, ich halte nicht viel von Frauen in Männerberufen." Karin ist von den Einwänden der Eltern nicht überzeugt: „Ich habe mit meiner Lehrerin gesprochen. Sie meint, daß ich dafür geeignet bin." „Keine Widerrede, Karin! Ich bin nicht damit einverstanden. Eine solche wichtige Entscheidung wie die Berufswahl kannst du in deinem Alter noch nicht treffen. Dafür hast du schließlich auch uns. Ich habe schon mit Herrn S. von der Bank gesprochen. Er hat mir die Bewerbungsfrist genannt. Morgen zeigst du mir dein Bewerbungsschreiben."

Karins Eltern sind sehr fürsorglich. Sie wissen genau, was gut für ihre Tochter ist – meinen sie jedenfalls. Dabei benutzen sie ihr Erwachsenen-Ich zu wenig und übersehen völlig, daß Karin durchaus in der Lage ist, ihre Situation zu beurteilen. Sie hat gut nachgedacht, sich informiert, sich von ihrer Lehrerin beraten lassen und sie hat Lust zu dem Beruf. Indem die Eltern diese Leistung von Karin ignorieren, werten sie ihre Denkfähigkeit ab. Ganz davon abgesehen, daß Fähigkeiten auf technischen Gebieten nichts mit dem Geschlecht zu tun haben. Sie übergehen Karins eigene Wünsche und Überlegungen zur Berufswahl und erkennen somit auch Karins Handlungsfähigkeit und ihre Gefühle nicht an. Sie tun praktisch so, als wäre Karin noch ein ganz kleines Kind. Das Verhalten der Eltern kann zu einem schweren Konflikt zwischen ihnen und Karin führen oder auch zu einem Konflikt, den Karin mit sich selbst hat.

Norbert (14) ist ein ruhiger, zurückhaltender Junge. Er hat nur wenige Freunde. Seine Freizeit verbringt er mit Gitarrespielen, Lesen und Malen. Seine Eltern fahren für vierzehn Tage in einen lange geplanten Urlaub. Norbert bleibt zu Hause, da er zur Schule gehen muß. Er hat die Aufgabe, auf die Wohnung zu achten und die Blumen zu begießen. Er bekommt Haushaltsgeld; Essen ist in der Tiefkühltruhe. Eine Tante ruft ab und zu einmal an, um zu hören, wie es ihm geht.

Am dritten Tag kommt Norbert aus der Schule und fühlt sich sehr schlecht. Er geht sofort ins Bett. Am nächsten Morgen hat er hohes Fieber und beschließt, im Bett zu bleiben. Nachmittags kommt sein Freund vorbei und sieht, was mit Norbert los ist. Die Eltern des Freundes holen Norbert zu sich und kümmern sich um ihn, bis er wieder gesund ist.

Norberts Eltern haben großes Vertrauen in seine Fähigkeiten, alleine zurechtzukommen. Dabei vernachlässigen sie aber, daß die Eltern in diesem Alter für die Jugendlichen immer noch eine wichtige Anlaufstation für Fragen wie auch für Geborgenheit und Schutz sind. Es ist wichtig, die Jugendlichen darin zu bestärken, sich auch Hilfe zu holen, wenn sie welche brauchen. Darüber hinaus können Jugendliche auch lernen, ihr Bedürfnis nach Zuwendung und Geborgenheit zu befriedigen, indem sie danach fragen. Norberts Eltern stehen durch ihre lange Abwesenheit nicht als Berater oder als fürsorgliche Freunde für ihren Sohn zur Verfügung. Durch das Verhalten der Eltern werden Norberts Bedürfnisse abgewertet, weil sie nicht für einen angemessenen Ersatz gesorgt haben.

Susanne (16) hat seit einigen Wochen einen festen Freund. Da sie sich zu Hause wohl fühlt, treffen sich die beiden häufig bei ihr. Sie schmusen vor ihren Eltern und sind sehr verliebt. Eines Abends kommt Susanne nochmals in das Zimmer iher Eltern: „Oliver und ich wollen gern miteinander schlafen. Ich wollte vorher gerne mit euch über Verhütungsmittel sprechen. Wir sind uns da nicht so ganz einig. Oliver meint, wir könnten es auch ohne probieren." Die Eltern erörtern daraufhin mit Susanne das Problem. Sie bestärken sie darin, Verhütungsmittel zu benutzen und sprechen mit ihr über die Möglichkeiten, sich ohne Geschlechtsverkehr sexuell zu befriedigen.

Susanne hat viel Vertrauen zu ihren Eltern. Sie hat eine Frage zu einem Bereich, der zwischen Eltern und Jugendlichen häufig sehr belastet ist: die Sexualität. Ihre Eltern akzeptieren Susanne mit ihren Wünschen und Bedürfnissen. Sie nehmen sie ernst und beraten sie.

Thomas (15) geht noch zur Schule. Obwohl seine Eltern ihn immer wieder bitten und auffordern, weigert er sich hartnäkkig, seinen Beitrag im Haushalt der Familie zu leisten. Er kommt und geht, wann er will. Verabredungen hält er nicht ein. Seine Geschwister Tobias (13) und Inga (17) und seine Eltern sind mittlerweile schon sehr ärgerlich darüber. Sie rufen alle zu einem Familienrat zusammen und legen gemeinsam für jedes Familienmitglied einen Aufgabenbereich fest. Thomas ist dabei und stimmt den Verabredungen zu. Alle sind erleichtert. In der Woche danach gibt es jedoch Schwierigkeiten: Thomas hat das Wäscheamt. Weil er seine Aufgabe nicht erledigt hat, haben die anderen Familienmitglieder Probleme; es fehlt saubere Unterwäsche und auch die Handtücher werden knapp. Damit sie zurechtkommen, wäscht Inga. Allerdings tut sie dies nur sehr ärgerlich. Als sie Thomas zur Rede stellt, antwortet er: „Ach ja, das habe ich einfach vergessen." Sie erzählt davon auch ihren Eltern, woraufhin die Mutter sagt: „Tja, der Thomas ist schon so ein Schussel." Und der Vater fügt hinzu: „Mal sehen, ich hoffe, er macht am Wochenende wieder alles gut. Ich glaube, ich muß ihm dabei mal helfen."

Thomas hat ein bequemes Leben. Er trifft zwar Verabredungen mit seiner Familie, aber er hält sich nicht daran. Indem er seine Verpflichtungen ‚vergißt', wertet er seine Denkfähigkeit ab. Er übernimmt auch nicht die Verantwortung für sein Versäumnis („man kann ja mal was vergessen"). Durch ihre Bereitschaft, ihm nachzugeben, ihm sogar zu helfen, bestärken ihn seine Eltern in dieser Abwertung („er ist eben vergeßlich – da kann man nichts machen"). Auf diese Weise werden die Bedürfnisse der übrigen Familienmitglieder nicht ernst genommen.

Thomas lernt dabei, daß er am besten zurechtkommt, wenn er Verabredungen eingeht. Er muß sie ja nicht unbedingt einhalten.

4.3 Übungen zum Problemlösungsverhalten

0–6 MONATE

Überprüfen Sie die Liste, finden Sie heraus, was stimmt oder nicht stimmt:

Säugling: stellt man am besten allein in einen ruhigen Raum.
- kann man schnell verwöhnen, wenn man sie herumträgt.
- muß man in festem Rhythmus füttern und ja nicht nachts.
- dürfen nicht ins Elternbett.

- schreien aus Wut und wollen nur ihre Eltern tyrannisieren.
- muß man pünktlich versorgen.
- schreien meistens, weil sie Hunger haben, füttern ist deshalb immer richtig.
- darf man nicht lange schreien lassen.
- brauchen Hautkontakt.
- merken nicht viel im ersten Vierteljahr.
- brauchen menschliche Nähe.
- brauchen konstante Beziehungen.
- schreien auf unterschiedlicheArt.
- brauchen Anregung.
- brauchen nicht so viel Bewegung.

Sie finden die Antworten auf diese Fragen alle in diesem Buch.

6–18 MONATE

1. *Selbstbeobachtung:* Achten Sie eine Woche lang darauf, wie Sie Ihrem Krabbelkind ermöglichen, viele Erfahrungen zu machen, vor allem, sich fortzubewegen.

2. Identifizieren Sie sich mit Ihrem Kind. Legen Sie sich ruhig hin und schließen Sie die Augen. Wenn Sie entspannt sind, stellen Sie sich vor, Sie sind ein Jahr alt ... Sie mögen sich gern fortbewegen ... stellen Sie sich die Möbel in Ihrer Wohnung vor ... aus Ihrer Perspektive als Einjähriges ... Haben Sie den Schutz, den Sie brauchen? ... Können Sie lernen, was für Sie nötig ist? ... Machen Sie die Erfahrung, daß Lernen gefährlich ist und Schmerzen bringt? ... Lernen Sie, daß Sie wichtiger und wertvoller sind als Gegenstände?

3. Stellen Sie sich vor, Sie können gerade laufen. Ihre Eltern lassen Sie die meiste Zeit im Bett, Stühlchen oder Laufstall, manchmal auch längere Zeit allein ... Wie fühlen Sie sich? ... welche Erfahrungen machen Sie?

4. Stellen Sie sich ein Problem mit Ihrem anderthalbjährigen Kind vor ... Wenn Sie alle drei Ich-Zustände benutzen, was sagen Sie aus Ihrem – Erwachsenen-Ich? ...

- Eltern-Ich? ...
- Kind-Ich? ...

über das Problem? ...
Was nehmen Sie wahr?

18–36 MONATE

Sie können in kleinen Schritten Ihr passives Verhalten beobachten und durch Verhalten ersetzen, das Ihrer Wahrnehmung entspricht. Beobachten Sie nur jeweils eine Ihrer Handlungsweisen oder Äußerungen.

Sagen Sie vielleicht:	*anstatt:*
„Du machst mich wütend“	„Ich ärgere mich, wenn Du ... machst“
„Du machst mich glücklich“	„Ich freue mich, daß Du da bist“
„Du machst mich traurig“	„Ich bin traurig, wenn ...“
„Du machst mich bange“	„Ich befürchte, daß Du ...“

Wenn Sie das Kind für Ihre Gefühle verantwortlich machen, was mißachten Sie dabei? Viele Du-Botschaften weisen darauf hin, daß Sie Verantwortung eher abgeben als übernehmen.

3–6 JAHRE

1. Ziehen Sie von Zeit zu Zeit am Abend Bilanz:
   Wie habe ich meinem Kind heute gezeigt:
   - daß es tüchtig und denkfähig ist?
   - daß es ein Recht auf seine Gefühle hat?
   - nicht für meine Gefühle verantwortlich ist?
   - daß es liebenswert ist?

2. Achten Sie einige Tage lang darauf, ob Sie Ihrem Kind etwas zuschreiben wie:
   „Du bist wie dein Onkel (den wir alle nicht mögen)!“
   „Du Dummkopf!“
   „Du bist zu dumm!“

„Du alter Nörgelfritze!“
„Du alte Heulsuse!“
„Du bist schuld, daß ich ...“

3. Drohen Sie Ihrem Kind?
„Wenn Du so weitermachst, mag Dich keiner leiden.“

6–12 JAHRE

Achten Sie darauf, daß Ihr Kind Ihnen auf Ihre Fragen antwortet, oder geben Sie sich mit ungefähren und ausweichenden Antworten zurfrieden? z. B.:

„Hast Du Deine Schulaufgaben gemacht?“ Sohn: „Ich gehe erst mal weg.“

Antworten Sie auf Fragen mit vollem Bewußtsein? Bestehen Sie auf einer echten Antwort auf Ihre Fragen?

Sie können mit der Familie oder Wohngemeinschaft spielerisch üben, direkte verstehbare Antworten zu geben, wie man auch Denk'-fix spielt. Dabei können sich die Spieler Beispiele aus dem Alltag zusammenstellen oder erfinden:

Was meint jemand, der morgens ruft: „Der Kaffee wird kalt!“ Was sagt jemand, der einem Zwölfjährigen sagt „Es regnet!“, wenn er das Haus verlassen will? Vielleicht soll das heißen: „Zieh' deine Regenjacke an.“ Und was meint derjenige vielleicht, der dieses einem älteren Kind sagt? „Du kannst nicht sehen, daß es regnet und dich nicht gegen Regen schützen, wenn ich dir nicht helfe!“

12–19 JAHRE

Sie können den Heranwachsenden mehr und mehr Verantwortung übergeben und sie im Schutz der Familie üben lassen. Solche Übungen können sein:

1. Eine Woche lang allein das Haushaltsgeld zu verwalten und einzukaufen.
   Bei Bewährung auch für einen längeren Zeitraum.
2. Speiseplan aufstellen nach Absprache mit allen Familienmitgliedern über ihre Vorlieben und abwechselnd kochen.

3. Leben wie als Junggeselle im Elternhaus, wenn Ihre Kinder älter als 16 Jahre alt sind. Dann gehören alle Konsequenzen, die ein Untermieter zu tragen hat und natürlich auch die damit verbundenen Rechte.
   Dies ist nur zu empfehlen, wenn die Eltern mit ihren Kindern partnerschaftlich leben und davon ausgehen können, daß ihre Jugendlichen nicht selbstschädigend sind, indem sie vielleicht nicht ausreichend schlafen, unmäßig trinken usw.
4. Absprachen aushandeln z. B. über gemeinsame Arbeit im Haushalt.
   Dazu gehören vor allem auch Konsequenzen für den Fall der Nichteinhaltung des Vertrages, die von allen akzeptiert werden.

4.4 Umweltschutz ist eine aktive Problemlösung

„Erst wenn der letzte Baum gerodet
der letzte Fluß vergiftet
der letzte Fisch gefangen
werdet Ihr feststellen
daß man Geld
nicht essen kann!"

(Weissagung der Cree)

Aktiv und selbstverantwortlich seine Probleme zu lösen, bedeutet für uns auch, im besonderem Maß unsere natürliche Umwelt zu schützen, zu erhalten und zu pflegen.

Angesichts der alarmierenden Meldungen über die fortschreitende Zerstörung der Natur, mit denen wir täglich konfrontiert werden, wäre es passiv, lediglich von Politikern und Industrie eine Veränderung zu fordern. Dies ist zwar notwendig, aber auch wir als Eltern haben die Aufgabe, das unschätzbare Gut ‚Natur' zu erhalten, sowohl für uns, als auch zum Nutzen unserer Kinder.

Kinder fast aller Altersstufen sind sehr empfänglich für ein

Naturerleben, sie können noch ganz natürlich staunen über eine goldstrahlende Blüte des Löwenzahns, einen schillernden Krabbelkäfer oder eine brummende Hummel, selbst wenn Erwachsene dies als Unkraut und Ungeziefer bezeichnen.

Indem wir Eltern im alltäglichen Leben durch unser Verhalten zeigen, wie wir sorgsam mit unseren natürlichen Lebensgrundlagen umgehen, vermitteln wir den Kindern, daß die Natur etwas Kostbares und Schützenswertes ist.

So gehört es z. B. zur Reinhaltung der Luft, darauf zu achten, daß im Haushalt so wenig Strom wie möglich verbraucht wird: alle Familienmitglieder können dafür sorgen, daß kein überflüssiges Licht brennt. Herdplatten können schon abgeschaltet werden, bevor der Topf heruntergenommen wird. Waschmaschinen und Geschirrspüler arbeiten nur wirklich vertretbar, wenn sie gut gefüllt sind.

Wenn nur jeder zweite Bürger dies beachtete – ohne sich in seinem Komfort einschränken zu müssen –, könnte die Stromproduktion mehrerer Kraftwerke eingespart werden.

Eine längere Autofahrt mit Kindern ist anstrengender als die entsprechende Bahnfahrt, selbst wenn letztere mehr Zeitstrukturierung und Maßhalten beim mitzunehmenden Gepäck bedeutet; dafür erreicht man sicherer sein Ziel, wie die Massenunfälle im Winter '85 zeigten. Wie streßfrei haben viele Menschen die Wochenenden mit Autofahrverbot 1974 erlebt! Kurzstrecken können oft ersetzt werden durch Radfahrten oder Spaziergänge, die auch für Kinder interessant gestaltet sein können. Eine simple Faustregel sagt: 100 Meter Autofahrt töten ein Blatt.

Die Qualität des Grundwassers und der Zustand der Seen und Flüsse werden durch unsere Reinigungsgewohnheiten im Haushalt sehr stark beeinflußt. Man hat festgestellt, daß durch wenige und einfachere Haushaltsreiniger eine ausreichende Sauberkeit erreicht wird. Wir können die Belastung der Gewässer durch Waschmittelrückstände einschränken, indem wir schonendere Waschmittel verwenden und seltener waschen. Kinder brauchen nicht immer „wie aus dem Ei gepellt" herumzulaufen.

Der Boden wird besonders durch den vielen Müll bedroht.

Wenn bereits Kinder mitbekommen, daß wir wiederverwertbares Glas, Papier und Metall nicht einfach in den Mülleimer werfen, sondern zu entsprechenden Sammelstellen bringen, können sie lernen, daß wir nicht leichtfertig vorhandene Rohstoffe vergeuden. Den meisten Kindern macht dieses Sammeln Spaß, vor allem, wenn weitsichtige Eltern sie von der Nützlichkeit überzeugt haben. Sie bringen dann auch gern einmal die Materialien zu den Sammelstellen, die es fast überall gibt. Sollte das bei Ihnen anders sein, so können sie sich dafür einsetzen.

Da der größte Müllanteil auf Verpackungsmaterial entfällt, sollten beim Einkauf Waren mit aufwendigen Wegwerfverpackungen gemieden werden (z.B. Getränke in Dosen, Gegenstände und Lebensmittel in zusätzlichen, oft reißerisch gestalteten und viel zu großen Verpackungen, „Mogelpackungen"). Ebenso aufwendig und umweltbelastend werden Höschenwindeln hergestellt, die zum einmaligen Verbrauch gedacht sind. Wir können unsere Auswahl beim Einkauf steuern und dadurch unsere Kinder zu Achtsamkeit und kritischem Verhalten einer verführerischen Werbung gegenüber anleiten.

Weitere nützliche Anregungen und Informationen lassen sich bei manchen Verbraucherzentralen oder bei Verbänden wie z.B. dem Bund für Umwelt- und Naturschutz (BUND) erfragen.

Es stimmt uns bedenklich, daß eine ständig wachsende Bevölkerung in den Industrieländern unsere Umwelt mit einem wachsenden Bequemlichkeits- und Konsumanspruch auch ohne Atomkrieg zunichte macht.

Dagegen wollen wir unsere Kinder für eine Sparsamkeit, die der Natur zugute kommt, sensibel machen. Luft, Wasser und Boden sind nicht unerschöpflich; wir wollen dazu beitragen, daß wir und unsere Kinder in ihrer Zukunft gut auf dieser Erde leben können.

5.
Eltern leben nicht nur für ihre Kinder

5.1 Wodurch sich Eltern das Leben schwer machen *

Mit Kindern zu leben, sie darin zu unterstützen, ihren Weg zu finden, und sie auf diesem Weg ein Stück zu begleiten, ist die Aufgabe von Eltern. Dies ist eine wertvolle Arbeit, die für Eltern bereichernd sein und ihnen Spaß bringen kann. Allerdings sind viele Eltern davon eher gestreßt und genervt. Für sie bedeutet ‚Eltern-sein' eher Verzicht als Genuß und Freude am Wachstum und Leben der Kinder. Die Entscheidung, Eltern zu werden, gehört zu den ganz wenigen Entscheidungen in unserem Leben, die nicht wieder rückgängig gemacht werden können. Vor allem in seinen ersten Lebensjahren ist das Kind sehr abhängig von seinen Eltern, von der Hilfe und Zuwendung der Erwachsenen.

Viele Eltern erschrecken, wenn ihnen bewuß wird, wie abhängig ihr Kind von ihnen ist. Die Verpflichtung, die mit dieser Tatsache verbunden ist, wirkt beklemmend und ängstigend auf sie. Zwei Fragen beschäftigen Eltern immer wieder: Bekommt mein Kind wirklich alles, was es braucht? Und: Wie komme ich als Vater oder Mutter zu meinem Recht?

Die Schwierigkeit liegt darin, beides miteinander zu vereinbaren: Sowohl sein Bestes für das Kind zu tun, wie auch für sich selbst gut zu sorgen.

Um diese Aufgabe meistern zu können, muß man mitunter ungewohnte Wege gehen und alte Vorstellungen aufgeben. Wir alle haben unbewußte Vorstellungen über das Leben und damit auch über das ‚Eltern-sein'. Nützlich ist es, sich diese

* Wir gehen hier nicht auf die gesellschaftlichen Bedingungen ein, die das Leben mit Kindern erschweren. Dazu haben u.a. E. Dessai und B. Sichtermann gute Bücher veröffentlicht.

Annahmen einmal bewußt zu machen und daraufhin zu prüfen, ob sie uns das Leben erleichtern oder ob sie nicht sogar manchmal wesentlich dazu beitragen, daß wir uns so gestreßt fühlen.

Nach den Erkenntnissen der Transaktionsanalyse gibt es fünf grundlegende Einstellungen zum Leben, die Streß in einer bestimmten Situation verstärken oder sogar erzeugen:

1. Gute Eltern machen keine Fehler! (Sei perfekt.)
2. Gute Eltern erledigen ihre Aufgaben schnell und ohne Aufschub! (Beeil Dich.)
3. Gute Eltern strengen sich an und haben es schwer! (Streng Dich an.)
4. Gute Eltern schaffen alles allein! (Sei stark.)
5. Gute Eltern denken nicht an sich selbst. Sie sind immer nett und freundlich! (Mach es allen recht.)

Gute Eltern machen keine Fehler

Es gibt keine perfekten Eltern. Trotzdem leben viele Eltern mit der Vorstellung, keine Fehler machen zu dürfen. Sie sind ständig von der Sorge geplagt, alles richtig zu machen: „Ist es auch wirklich richtig, daß ich mein Kind stille? Vielleicht sind doch zu viele Umweltgifte in der Muttermilch." „Ich möchte nur das beste Spielzeug für meinen Sohn, er soll optimal gefördert werden." „Ich gebe meiner Tochter nur ganz gesunde Nahrungsmittel." „Hoffentlich ist diese Schule wirklich gut genug für mein Kind."

Sie denken sehr viel über ihre Enscheidungen nach, die sie im Alltag treffen und prüfen, ob es nicht doch etwas Vollkommeneres oder Besseres gibt. Sind sie einmal davon überzeugt, das Richtige zu tun, lassen sie keine andere Meinung mehr gelten. Stellen sie dann vielleicht sogar fest, daß sie etwas verkehrt gemacht haben, fühlen sie sich schuldig und machen sich selbst schwere Vorwürfe. Sie haben einen hohen Anspruch an sich selbst wie auch an andere.

Sie billigen sich nicht zu, daß sie erst lernen müssen, wie es ist, ein Kind zu haben. In einem Lernprozeß macht man auch Fehler.

Eltern, die sich zu ihrer Unsicherheit bekennen, werden häufig belächelt oder gar schief angesehen. Dabei ist Unsicherheit im Zusammenleben mit Kindern durchaus verständlich, ja vielleicht sogar nützlich.

Bei der Geburt eines Kindes kommt nicht nur das Kind neu in diese Welt, sondern zwei Menschen bekommen auch eine neue Aufgabe: sie werden Eltern. Auf die Geburt bereiten sich viele Eltern noch sorgfältig vor, und das ist auch sehr gut so. Ihnen ist jedoch nicht klar, daß das lange Leben mit einem Kind eine Reihe von Lernprozessen beinhaltet, bei denen sie auch Fehler machen.

Kinder und Eltern können gemeinsam lernen und wachsen. Dabei können Fehler hilfreich sein, um herauszufinden, welche Lösungen und Möglichkeiten es außer den bisher bekannten noch gibt.

Es ist wichtig, daß Eltern sich klar darüber sind, daß es nicht nur *eine* richtige Lösung, nicht nur *einen* richtigen Weg, nicht nur *eine* richtige Verhaltensweise gibt.

Mit so einer offenen Einstellung kann es ein spannendes und erfüllendes Experiment werden, gemeinsam mit Kindern zu leben und Erfahrungen zu machen – mit Fehlern.

Eltern können nicht alles wissen. Oft ist es deshalb hilfreich, mit anderen Eltern über Probleme und Fragen aus dem Zusammenleben mit Kindern zu sprechen. Dabei kann man dann feststellen, daß andere Eltern ähnliche Schwierigkeiten haben und ganz andere Lösungen.

Beispiele:

Drei junge Paare mit Kindern haben nach längerer Freundschaft beschlossen, zusammenzuleben, um die Kinder gemeinsam aufzuziehen und für sich mehr Freiheit zu haben, als es in der herkömmlichen Familie möglich ist. Sie haben den Umzug gut geplant. In der neuen Wohnung geht zuerst alles ganz gut; aber als sie ein wenig vertraut geworden sind in der neuen Situation, macht sich „Sand im Getriebe" bemerkbar. Herr U. kann gut vorausplanen und macht gute Vorschläge zur Organisation. Bei der Durchführung seiner Pläne stellt sich dann allerdings heraus, daß er nie zufrieden ist mit dem, was die anderen aus seinen Plänen machen, daß er umständlich ist und, am wenigsten angenehm, die Kinder sind in ihrer Unberechenbarkeit ein Störfaktor für ihn.

In einer Besprechungsrunde sagen ihm die Gruppenmitglieder, was sie stört und wie sie sich fühlen. Sie beraten zusammen mit Herrn U., wie sie sich künftig verhalten wollen.

Sie erklären Herrn U., daß sie sich nicht seinen Ansprüchen unterwerfen werden und daß das ungestörte Leben der Kinder wichtiger ist als starre Pläne. Sie wollen trotz der Pläne aktuelle Bedürfnisse berücksichtigen.

Herr U. verteidigt zunächst seinen Wunsch nach genauer Planung. Flexibilität macht ihn unsicher. Dann merkt er, daß er mehr Zeit gewinnt, wenn er nicht so viel Kontrolle ausübt und diese auf seinen privaten Bereich beschränkt.

Herr K. lebt allein mit seinen drei Söhnen. Er ist seit zwei Jahren geschieden. Seine Frau lebt im Ausland, und die Familie hat gar keinen Kontakt mehr mit ihr.

Herr K. ist selbständig und arbeitet zuhause. Für seine Kinder hat er eine Betreuerin, die auch ab und zu die Putzarbeiten übernimmt.

Herr K. ist sehr genau und im Beruf für seine Zuverlässigkeit bekannt. Deshalb ist er auch beruflich sehr ausgelastet. Er hätte es nötig, in den Pausen und den kurzen Abendstunden etwas Entspannendes zu tun. Stattdessen arbeitet er nach seiner Berufstätigkeit im Haushalt weiter und fordert alle Anwesenden zum Mitmachen auf. Er findet dauernd Mängel, die beseitigt werden müssen. Seine Haushälterin hat es nicht leicht, seine Ansprüche zu erfüllen, denn er verlangt auch von ihr äußerst genaue Arbeit. „Sonst lassen Sie es lieber gleich ganz!" lautet ein häufiger Ausspruch von ihm. Die augenblickliche Betreuerin ist bereits die dritte in kurzer Zeit.

Auch seine Kinder müssen viel Zeit aufwenden, um Schularbeiten „ordentlich" zu machen. Fehler dürfen sich die Kinder nicht erlauben, sie müssen Texte wieder und wieder abschreiben.

Der älteste Sohn von Herrn K. muß seine Übungsstücke auf dem Klavier fehlerfrei vorspielen. Für eigene Freizeitaktivitäten hat Herr K. wenig Zeit und sein Arzt hat ihn auch schon auf die drohenden gesundheitlichen Folgen aufmerksam gemacht.

Herr K. lebt eingeschränkt. Er nimmt die Dinge nur unter dem Blickwinkel möglicher Fehler oder fehlender Vollkommenheit wahr. Er läßt sich wenig Muße zu Kontakten, und die Beziehungen zu anderen sind von seinem Kontrollbedürfnis beeinträchtigt und daher oft nur von kurzer Dauer. Spaß hat in einem so reduzierten Leben wenig Chancen.

Das Baby von Frau B. ist zwei Monate alt. Es schreit in den letzten Tagen viel und Frau B. hat sich bei ihrem Kinderarzt Rat geholt. Der hat ihr gesagt, daß der Sohn leider zu den gefürchteten Koliken neige, aber gesund sei. Die Kinder schreien viel in dieser ersten Zeit. Frau B. befolgt die Anweisungen ihres Arztes und tut ihr Möglichstes, um dem Kind zu helfen. Sie trägt das schreiende Baby herum und manchmal kann sie es ein wenig beruhigen. Sie probiert auch viele Hausmittel, die ihr Freunde und Bekannte empfehlen. Trotzdem läßt es Frau B. keine Ruhe, daß ausgerechnet ihr Kind Koliken hat. Sie sucht jeden Tag von neuem Fehler bei sich und setzt sich dadurch noch zusätzlich zu ihrem Mitgefühl mit dem Kind unter Druck. Manchmal geht sie mit dem Kind auf und ab, mit verspannten Armen und gequält von ihren Selbstvorwürfen. Sie fragt sich oft, ob sie wohl eine gute Mutter sei. Sie verzeiht sich nicht, daß ihr Kind Schmerzen hat.

Sie lebt in dem Irrtum, daß, wenn sie nur das richtige Wissen hätte und eine wirklich gute Mutter wäre, ihr Kind nicht schreien würde und keine Koliken hätte.

Gute Eltern erledigen alle ihre Aufgaben schnell und ohne Aufschub

Viele Eltern glauben, ihr Alltag funktioniere nur, wenn sie alles unverzüglich und in großer Geschwindigkeit erledigen. Für sie besteht der Tag aus einer Folge von schnellen und eiligen Handlungen. Während sie noch mit der einen Aufgabe beschäftigt sind, überlegen sie schon, was sie als nächstes anpakken werden. Sie haben ständig das Gefühl von Zeitnot und Zeitdruck. Am Morgen schlingen sie ihr Frühstück hinunter und treiben ihre Kinder an, doch ja pünktlich zur Schule zu kommen. Sie selbst sind auf dem Weg zur Arbeit ständig in Eile.

Insbesondere solange die Kinder klein sind und sie viele Dinge für ihre Kinder tun müssen, ist die Zeit für solche Menschen ein großes Problem. Trotz aller Planung und sorgfältigen Vorbereitung haben die Kinder doch immer wieder ihren eigenen Rhythmus: Gerade wenn man zum Bus gehen will, stellt man fest, daß die Windeln des Babies gewechselt werden müssen.

Kinder lassen sich Zeit mit dem, was sie tun. Auf einem Spaziergang bleiben sie an jeder Pusteblume stehen, wenn sie dazu Lust haben. Sie genießen es, langsam und in Ruhe zu essen. Auch wenn sie sich verabredet haben, kann es sein, daß sie sich vorher noch in ein Spiel vertiefen.

Eltern, für die ihr Zeitplan sehr wichtig ist, empfinden die Aktivitäten der Kinder häufig als störend und hinderlich. Leider verpassen Eltern, wenn sie sehr stark nach dieser Vorstellung leben, viele reizvolle Augenblicke im Zusammenleben mit ihren Kindern. Sie nehmen sich nicht die Zeit, ihren Krabbler dabei zu beobachten, wie er die Welt entdeckt. Lange Erklärungen für ihre wißbegierigen Kleinkinder erscheinen ihnen zu umständlich. Die Auseinandersetzungen um Regeln mit ihrem Schulkind sind für sie vertane Zeit.

Es ist wichtig, daß Eltern immer wieder prüfen, ob ihr Zeitplan wirklich sinnvoll ist und ob er auch wirklich die Bedürfnisse aller berücksichtigt. Pläne können geändert, Vorhaben aufgeschoben werden.

Viele Eltern glauben allerdings, daß dies nicht erlaubt ist. So hetzen sie durchs Leben und können die Augenblicke, die das Leben mit Kindern liebenswert machen, nicht genießen. Jeder Mensch braucht Pausen, auch Eltern, damit sie sich erholen können und zu sich selbst finden.

Auch wenn Sie glauben, keine Zeit zum Verschnaufen zu haben, dann können Sie sich doch fragen: Was passiert, wenn ich langsamer mache?

Beispiele:
Die Kinder der Familie L. sind schüchtern. Herr L. ist ein Mensch, der seine Frau und die Kinder zur Eile anhält. Trödeln ist in dieser Familie nicht erlaubt oder nur selten geduldet. Herr L. wird sehr unangenehm, wenn seine Kinder nicht gleich eine Antwort auf seine Frage wissen. „Na, wird's bald?" sagt er dann. Seine Frau hat sich angewöhnt, kaum noch zu antworten. Er ist sehr schnell dabei, seine Fragen auch gleich selbst zu beantworten.

Seit einigen Wochen liegt Herr L. nun im Krankenhaus. Jetzt hat seine Familie zum ersten Mal bemerkt, wie sehr sie sich anstrengt, Herrn L.'s Tempo zu folgen und wie gut ihnen die Ruhepause ohne den Vater tut. Herr L. hat schon angekündigt, daß er vorzeitig aus dem Krankenhaus entlassen werden möchte.

Herr L. lebt in der Vorstellung, daß nur derjenige in Ordnung ist, der auch schnell ist. Durch seine Eile bekommt er keine Nähe zu den Menschen seiner Umgebung. Seine Unduldsamkeit führt dazu, daß seine Familie froh ist, wenn sie Ruhe vor ihm hat.

Frau L. war inzwischen auf Anraten des Arztes bei einer Beratungsstelle. Sie möchte ihren Mann dazu bewegen, mit ihr eine Paarberatung aufzusuchen. Wenn Herr L. nicht mitgehen will, wird sie allein weitermachen, um zu lernen, sich nicht durch das Verhalten ihres Mannes selbst unter Druck zu setzen. Das wird auch den Kindern guttun.

Familie J. ist im Freundeskreis bekannt als eine pfiffige patente Familie. Sie können bei den meisten Aktivitäten als ein „Vorbild" für Zeitersparnis angesehen werden. Ihre Devise ist „schnell, schnell".

Ihre Kinder hat Frau J. nur kurz selbst gestillt, weil das Stillen ja manchmal sehr zeitraubend ist. Sie hat eine Flasche genommen, weil sie da den Fluß der Nahrung durch ein entsprechendes Saugerloch selbst bestimmen konnte. Das hat sie auch noch für die Breinahrung benutzen können, das ging besser als das Füttern mit dem Löffel. Die J.'s machen gern mit den Kindern Ausflüge in den Wald oder Spaziergänge in den nahen Park. Sie benutzen sehr lange die Kinderkarre, weil sie so viel leichter vorankommen, als wenn die Kinder herumtrödeln und auf dem Wege allerlei Getier betrachten und andauernd stehenbleiben, um einem Vogel zuzusehen oder eine Pusteblume anzupusten. Ihrem dreijährigen Sohn nehmen sie außerdem einen großen Ball mit. Wenn er den mit dem Fuß vorwärts schießt, schießen sie ihn noch ein bißchen nach und dann läuft der kleine Kerl begeistert hinterher und sie brauchen nicht dauernd auf ihn zu warten. Der Vater benutzt die Ausflüge gern, um mit seinen großen Kindern vorauszujoggen.

Rasten und entspannen ist in dieser Familie kein Thema. Sie laufen und eilen vorwärts, aber wohin? Oder laufen sie vor etwas weg? Was ist das Ziel, dem sie so eilig zustreben? Was ist so wertvoll, daß sie an so vielem im Leben vorbeirennen, um es zu erreichen? Es ist zu befürchten, daß sie mit den Jahren zu immer häufigeren Pausen gezwungen werden könnten, weil ihr Körper streiken wird unter dem dauernden Streß.

Frau M. lebt mit ihrer Vierjährigen in einer Wohnung zusammen mit zwei Müttern und deren Kindern. Weil es ihr Spaß macht, hat sie es übernommen, für die Kinder und den Haushalt zu sorgen, während die beiden anderen Mütter in ihren Berufen den Lebensunterhalt für alle verdienen.

Frau M. schmeißt den Haushalt sehr schwungvoll. Die Freundinnen sind froh, eine so tüchtige Partnerin gefunden zu haben und loben sie sehr, auch für ihre Schnelligkeit.

Manchmal ist die Stimmung allerdings gereizt. Die anderen möchten gern abends nach dem Essen noch ein bißchen am Tisch sitzenbleiben und sich unterhalten, den Kindern zuhören, oder einfach so dasitzen. Sie haben die Vereinbarung getroffen, daß Frau M. abends nichts mehr im Haushalt zu machen braucht, das machen die beiden Freundinnen. Frau M. hat frei und könnte auch zu Abendkursen oder Freunden gehen.

Das könnte eine gute Regelung sein, wenn Frau M. nicht anfangen würde, die anderen zu drängen, sie müßten abdecken und abwaschen. Wenn die beiden das nicht tun, fängt Frau M. damit an. Sie hat einfach keine Ruhe. Sofort ist es aus mit der Gemütlichkeit. Die Freundinnen werden ärgerlich und sagen das auch und Frau M. nimmt das in Kauf. Wenn sie nicht vorwärtsdrängt, fühlt sie sich nämlich auch nicht gut. Langsamkeit kann sie schlecht ertragen. Um den Problemen zu entgehen, rennt Frau M. manchmal in ihr Zimmer und strickt, das hält sie jedoch auch nicht aus. Sie kehrt wieder zurück. Ihre kleine Tochter ist beunruhigt und will mit ihr schmusen, aber auch dazu hat Frau M. nicht die nötige Ruhe.

Den Höhepunkt erreicht das Ganze, wenn die kleine Tochter jetzt auch noch den Mund aufmacht, um etwas zu sagen. Sie stottert nämlich seit einigen Monaten, und wenn Frau M. ihr zuhören will, muß sie oft sehr lange warten, bis die Kleine einen Satz fertig hat. Je ungeduldiger die Mutter ist, umso mehr stottert sie.

Eines Abends reagieren die Freundinnen nicht mehr gereizt, sondern sie fragen Frau M., was denn passieren würde, wenn sie den Tisch abräumten, wann sie wollten und Frau M. es sich gemütlich machen würde, mit oder ohne ihre Gesellschaft. Frau M. legt sich probeweise auf ihr Bett und bemerkt ihre aufsteigende Unruhe. Sie bleibt liegen und ihr fällt ein, daß sie sich diese Ruhe nie im Leben erlaubt hat. Sie hat in ihrer Kindheit mit ihrer Mutter und ihrem Bruder auf dem Bauernhof gearbeitet und es gab immer etwas zu tun, bis sie schlafen gingen. Sie haben den Hof ganz allein bewirtschaftet. Frau M. hat Spaß an der Arbeit gehabt, wie jetzt auch. Sie überlegt, daß sie erst Probleme mit den anderen bekommt, wenn sie von den anderen dasselbe verlangt. Sie nimmt sich vor, den anderen keine Vorschriften mehr zu machen und sie zu respektieren. Außerdem will sie darauf achten, ob sie sich für ihr Kind mehr Ruhe gönnen kann. Wenn sie wieder anfängt, sich zur Eile anzutreiben, will sie sich daran erinnern, daß sie nicht mehr auf dem Bauernhof lebt, auf dem es so viele unaufschiebbare Arbeiten zu erledigen gab.

Familie P. ist Hals über Kopf in den Urlaub gefahren und ihr siebzehnjähriger Sohn ist noch einmal mitgefahren. Er möchte, daß dies vorerst sein letzter „Familienurlaub" sein soll. Nächstes Jahr fährt er auf jeden Fall mit einer Freundesgruppe.

Sie fahren ins Gebirge und haben kein Quartier vorher reserviert. Der Vater schlägt am Urlaubsort vor, daß der Sohn doch mal nach einer Unterkunft Ausschau halten könnte, um zu üben. Der Sohn ist Feuer und Flamme und geht los. Der Ort scheint restlos ausgebucht zu sein. Überall bekommt er Absagen. Dann scheint er Glück zu haben: kurz bevor er am Treffpunkt der Familie ankommt, kann er mit einer Bäuerin über eine Ferienwohnung verhandeln. Er erzählt ihr von der weiten Reise, die sie hinter sich hätten und sie ist schon geneigt, eine gerade leergewordene Ferienwohnung zu richten. Da kommt der Vater hinzu. Er hört das Gespräch, trommelt ungeduldig mit den Fingern gegen den Türrahmen und fällt den beiden ins Wort: „Na, was ist, wollen Sie uns denn nun eine Unterkunft geben oder nicht, wir haben's eilig!" Die Bäuerin sieht ihn ganz überrascht an und sagt: „Nein, ich bin nicht so schnell!"

Max ist enttäuscht: „Ich war gerade dabei, die Wohnung zu bekommen. Ich bin zwar langsamer als du, aber ich komme auch ans Ziel. So lernst du die Menschen gar nicht kennen." Sein Vater: „Heutzutage muß man schnell sein, wenn man was erreichen will, die Konkurrenz ist überall so groß!"

Herr P. lebt in dem Glauben, nur wenn ich schnell bin, kann ich etwas schaffen. Ich muß mich beilen, um jeden Preis. Auch um den Preis, daß ich nicht genießen, nicht verweilen, nicht anderen nahe sein und Anderssein der anderen nicht als bereichernd erleben kann. Diese Einstellung schränkt seine Wahrnehmung ein, macht ihn gegenüber „langsameren" Menschen ungeduldig. Es führt besonders im Zusammenleben mit Kindern und Jugendlichen, die ein Recht auf ihren eigenen „Zeittakt" haben, zu Problemen.

Das Elternpaar A. sitzt mit seinem sechs Monate alten Sohn auf dem Fußboden und sieht begeistert zu, wie er sich bemüht, sich umzudrehen. Er schafft es schon beinahe und seine Mutter gibt ihm dabei einen kleinen Schwung, damit er sich dreht. Ihr Mann sagt: „Was machst du denn, laß' das doch mal. Das muß er selbst machen. Er kommt doch gar nicht darum herum, seine Entwicklungsschritte selbst zu machen." Seine Frau antwortet: „Ich finde, es kann nicht schaden, wenn ich ein bißchen nachhelfe. In meinen Büchern über Entwicklung des Kindes steht, daß er bald anfangen wird, sich zu drehen, und ich finde, er läßt sich ganz schön Zeit damit, er hat richtig die Ruhe weg. Wenn er das immer so macht, trödelt er vielleicht im Leben immer so hinterher." Herr A. ist leicht gereizt: „Du bist dauernd in Eile, nun auch wieder mit dem Kleinen. Er hat doch ein Recht auf sein eigenes Tempo."

Frau A. ist ungeduldig und hat es häufig eilig. Ihre Mutter sagt, sie sei so flink. Sie sagt das nicht ohne Stolz. Frau A. genießt den Augenblick nicht gelassen, sie muß vorantreibend eingreifen, wie sie meint, sie gönnt sich und anderen wenig Ruhe. Wenn sie ihr Kind stillt, sieht sie sich schon in Gedanken bei der nächsten Tätigkeit und findet, daß ihr Sohn zu langsam trinkt.

So verpulvert Frau A. ihre Kraft mit „voraneilenden" Phantasien und gleichzeitiger Arbeit. Sie plant nicht im Rahmen ihrer Möglichkeiten, sondern sie paßt ihre Fähigkeiten ihrer Zeitplanung an.

Gute Eltern strengen sich an und haben es schwer

Es ist eine weitverbreitete Vorstellung, daß gute Eltern es schwer haben müssen. „Na die sind ja heiter, die machen es sich leicht, die spielen den ganzen Tag mit den Kindern." „Das kann ja nicht mit rechten Dingen zugehen: das Kind schläft jetzt schon durch." „Die haben gut reden, wenn ich den Kindern so einfach alles erlauben würde..."

Wer nicht erschöpft und am Rande seiner Leistungsfähigkeit ist, gerät in den Verdacht, es sich bequem zu machen und den Weg des geringsten Widerstands zu gehen und überhaupt: „Das kann nicht gut gehen."

Viele Eltern denken sehr viel darüber nach, was sie noch alles Gutes für ihre Kinder tun können, Kinder zu haben, bedeutet für sie in erster Linie Verzicht. Die Problemlösungen, die ihnen selbst das Leben erleichtern, kommen ihnen verdächtig vor, erscheinen ihnen als zu einfach. Der Tag beginnt mit großer Anstrengung für sie. Alles was sie noch erledigen müssen, erscheint ihnen wie ein riesiger Berg. Nur wenn sie sich angestrengt haben und erschöpft sind, dürfen sie sich ausruhen. Aber auch das fällt ihnen schwer. Ihnen fällt nämlich sofort ein, was sie noch alles zu tun haben und schon allein die Vorstellung dieser Arbeit regt sie auf und versetzt sie in Unruhe.

Ihr Kind einfach nur zu beobachten, während es spielt, erscheint ihnen nutzlos. Im Urlaub in der Sonne zu liegen ist ihnen zu öde. Sie sind ständig in Bewegung und tun etwas ‚Nützliches'. Wenn ihre Kinder größer werden, erscheint es ihnen besonders wichtig, ihre Kinder dazu anzuhalten, ihre Freizeit sinnvoll zu gestalten.

Wer sein Leben, vor allem das Zusammenleben mit Kindern, nur als Anstrengung und harte Arbeit empfindet, erlaubt sich nicht, die entspannenden, lustigen und interessanten Situationen zu erleben.

Auch wer sich nicht ständig abrackert und bemüht, darf mit seinen Kindern spielen und etwas unternehmen, was Spaß bringt. Auch ohne vor Erschöpfung zusammenzubrechen, kann man sich selbst fragen: Wozu habe ich Lust und wie kann ich es mir einrichten, daß ich es bekomme?

Eltern, die nach dem Grundsatz leben: „Erst die Arbeit, dann das Vergnügen", werden vermutlich nie richtig froh; denn es gibt immer irgend etwas, das noch erledigt werden muß, gerade wenn man Kinder hat.

Beispiele:
Herr und Frau H. haben sich gesucht und gefunden. Sie haben sich im gleichen Betrieb kennengelernt, geheiratet und Kinder bekommen. Von Anfang an waren sie sich einig darüber, daß das Leben zum Arbeiten da ist. Sie haben gleich verabredet, Geld zu verdienen, um sich viele Wünsche zu erfüllen und konkurrenzfähig zu sein. Sie sind von diesem Prinzip nicht abgewichen und haben auch ihre beiden Kinder in diesem Sinne aufgezogen. Herr H. sagt ihnen oft: „Man muß immer etwas Gescheites vorhaben, Zeit zu vergeuden ist sündhaft."

Fürs Spielen haben die H.'s nicht viel übrig. Am Wochenende fahren sie gern mit den Kindern in den Wald. Früh um 5 Uhr morgens geht es los, da sind noch keine Leute unterwegs, die ihnen die Pilze vor der Nase wegpflücken können. Die Kinder sammeln genausogut wie die Eltern. Herr H. hat keine Ruhe zu rasten. Wenn die Kinder im Wald auf Entdeckungsreisen gehen wollen, bricht er lieber auf. Sie müssen ja auch die kostbaren Pilze schnell heimbringen und zurechtmachen. Die H.'s haben nicht viele Kontakte, sie arbeiten meistens.

Die Eltern haben nicht gelernt, daß das Leben auch Spaß machen kann, daß wir ein Recht haben, uns zu freuen. Sie schränken sich ein, indem sie immer neue Arbeitsvorhaben erfinden. Freunde zu haben und mit Besuch zusammenzusitzen, fällt ihnen schwer. Sie überschreiten die Grenze ihrer Fähigkeiten sehr häufig und halten erst inne, wenn sie ernstlich erkranken. Freundschaften, Liebe und Entspannung würden den gefährlichen Streßfolgen entgegenwirken, aber die können sie nur schwer zulassen, weil sie zu viel zu tun haben.

Frau D. lebt mit ihren beiden Kindern seit einiger Zeit allein. Ihr Mann ist ausgezogen, weil er eine Freundin hat und sich bei Frau und Kindern nicht wohlfühlte. Frau D. hat sich jetzt äußerlich einigermaßen zurechtgefunden. Sie hat eine Tätigkeit in ihrem Beruf gefunden, vorläufig als Aushilfe, und kann sich und die Kinder versorgen. Dabei fühlt sie sich aber dauernd überlastet. Sie hat in der Tat viele Aufgaben zu meistern.

Sie muß die Unterbringung für ihre „große" Tochter, die Schulanfängerin ist, organisieren, wenn sie morgens später Schule hat. Außerdem muß sie jeden Morgen die Kleine in den Kindergarten bringen. Mittags sorgt sie für Essen; denn die Kinder sollen möglichst so weiterleben wie vorher, als sie mit dem Vater mittags aßen.

Eine Haushilfe kann sie sich nicht leisten und daher macht sie auch alle Arbeiten im Haushalt, wenn die Kinder sie nicht gerade beanspruchen. Nachmittags bringt sie nämlich ihre Kinder zur Gymnastikstunde und zur musikalischen Früherziehung, macht mit der einen Tochter Schularbeiten und spielt mit der anderen Tochter, wenn die einmal ohne Spielgefährten ist. Sie will den Verlust des Vaters so gut wie möglich ausgleichen. Dabei sagt sie zu sich selbst: Ich muß alles tun, was in meinen Kräften steht, damit das Unrecht dieser getrennten Familie ausgeglichen wird. Ich bin verantwortlich und kann es durch Anstrengungen wiedergutmachen.

Die Freunde der Familie D. sehen mit Besorgnis, daß Frau D. sich von den Freundesaktivitäten zurückzieht und erschöpft wirkt. Eine Freundin von Frau D. kümmert sich um sie. Sie spricht eines Nachmittags mit ihr über ihre Beobachtungen und hält ihr vor, daß sie gerade bei ihren Vorstellungen von einer guten Mutter auch an sich denken muß und sich Gutes tun darf. Sie kann so außerdem den Kindern vermitteln, wie man gut mit sich umgeht und daß es erlaubt ist, auch an sich selbst zu denken. Sie entwerfen zusammen einen Plan, wie sich Frau D. entlasten kann. Sie schlägt ihr vor, genau zu beobachten, ob alles unverrückbar so gemacht werden muß, wie sie es augenblicklich tut, und den überflüssigen Arbeitsaufwand zu streichen.

Das fällt Frau D. zuerst sehr schwer; aber dann konzentriert sie sich auf die Selbstbeobachtung und entdeckt dabei ihren inneren Dialog. Ihr wird klar, daß sie ganz veralteten Vorstellungen über das Leben und die Arbeit vor allem mit Kindern folgt und daß es die Vorstellungen ihrer Mutter und Großmutter sind, die ganz andere Lebensbedingungen hatten als sie heute.

Sie beginnt das, was sie bis jetzt gemacht hat, infrage zu stellen. Sie sieht, daß sie gar nicht allein die Verantwortung für ihre Trennung gegenüber den Kindern hat und überlegt, daß es für die Kinder gut wäre, wenn sie Kontakt zu ihrem Vater hätten und daß sie dadurch ab und an ein freies Wochenende für sich haben könnte. Sie erkennt eine ganze Weile später, daß sie gar nicht mittags kochen muß, daß sie abends essen können, daß sie etwas geruhsamer leben kann, einen Fahrdienst einrichten kann für mehrere Kinder, die zur Gymnastik wollen.

Sie entdeckt, daß sie viel mehr schafft, wenn sie sich nicht so überlastet und daß sie in der freiwerdenden Zeit etwas mit den Kindern unternehmen kann, das ihr genausoviel Spaß macht, z. B. Rollschuhlaufen und Schwimmen. Plötzlich hat sie ganz viele Ideen, was sie noch alles für sich tun kann und wird. Jetzt muß sie aufpassen, daß sie nicht sofort ihre Freizeit zum neuen Streß umfunktioniert.

Frau D. hatte den Streß, den die Trennung mit ihren Folgen bedeutete, mit noch mehr Streß beantwortet, anstatt ihn durch Trost, Hilfe von anderen und Zulassen der Gefühle zu mildern.

Gute Eltern schaffen alles allein

„Wenn ich daran denke, wie meine Mutter das mit fünf Kindern gemacht hat, frage ich mich, wieso ich mich schon mit einem allein so anstrenge."

Früher haben die Mütter wirklich sehr hart gearbeitet, aber die Art, wie sie Kinder großgezogen haben, unterscheidet sich auch sehr von dem, was wir heute für sinnvoll halten. Die Eltern damals hatten einfach nicht die entsprechenden Informationen über die Entwicklung von Kindern. Wie Kinder behandelt wurden, wurde häufig nur unter praktischen Gesichtspunkten entschieden. So erschien es den Eltern früher praktischer und sicherer, die Kinder immer im Bett oder Laufställchen zu halten. Dabei kam keiner auf die Idee, daß das Kind dadurch in seinem Forscherdrang und seinem Bewegungsbedürfnis eingeschränkt wird. Natürlich ist es in Ordnung, diese Hilfsmittel zu benutzen, aber als ständiger Aufenthaltsort für Krabbelkinder sind sie nicht geeignet.

Viele Eltern glauben, daß sie alleine für ihr Kind zur Verfügung stehen müssen, sie alleine es nur richtig machen können. Hilfe anzunehmen bedeutet für sie, ein Versagen einzugestehen: „Wenn ich mir einen Babysitter hole, fühle ich mich so unfähig. Ich muß das doch alleine hinkriegen." Sie fühlen sich besonders stark, wenn sie alles ohne Hilfe und Unterstützung tun. Dabei gibt es immer wieder Zeiten im Zusammenleben mit Kindern, in denen die Eltern sehr gut Hilfe gebrauchen können: ein Babysitter, der das Kind im Park spazierenfährt; eine Großmutter, die mit dem Kind spielt und ihm vorliest oder im Haushalt hilft; Freunde, die die Kinder über das Wochenende betreuen, damit die Eltern Zeit für sich haben.

Eltern, die glauben, alles allein machen zu müssen, brauchen auch Erholung und Zeit für sich selbst. Da sie nicht auf ihre Gefühle und Bedürfnisse achten, merken sie häufig ihre Erschöpfung erst, wenn sie zusammenbrechen und krank oder z. B. depressiv werden.

Beispiele:
Frau R. hat vier Kinder. Ihr Mann leidet an Krebs im Endstadium. Ihre Mutter ist zu ihr gezogen, um für die Kinder zu sorgen. Frau R. arbeitet, seit ihr Mann krank ist, ganztägig, um die Familie zu ernähren.

Bevor Frau R. morgens aus dem Haus geht, versorgt sie ihren bettlägerigen Mann. Die Hilfe der Gemeindeschwester, die ihren Mann morgens und abends versorgen könnte, lehnt sie ab: „Das kann ich besser selbst machen, ich werde schon damit fertig." Abends bespricht sie mit den Kindern die Schulaufgaben und überwacht ihr Flöten- und Klavierspiel.

Zu allem räumt und putzt sie noch hinter ihrer Mutter her, die nicht mehr so gut sehen kann. Sie macht alles unbeirrbar so, wie sie meint, daß es sein müßte, läßt sich kaum helfen und duldet nicht, daß sie jemand auf ihre Belastungen anspricht. Sie sagt sich: „Wenn ich nicht alles allein mache, dann bricht alles zusammen."

Frau R. holt das Äußerste an Kraft aus sich heraus. Zu dem Streß, den der nahende Tod ihres Mannes für sie bedeutet, kommt der Streß durch die Überanstrengung und der Streß durch unterdrückte Bedürfnisse und Gefühle hinzu. Wenn sie sich Gefühle erlaubt, dann Trauer und die nur, wenn sie allein ist und niemand sie tröstet. Sie ist auch zornig und angsterfüllt, doch diese Gefühle weist sie weit von sich. Die Unterdrückung ihrer Gefühle führt dazu, daß auch die übrigen Familienmitglieder nicht sagen oder zeigen, was sie fühlen, und sich nicht entlasten können.

Der zehn Monate alte Sohn der Eheleute G. ist an einer plötzlich aufgetretenen Krankheit gestorben. Sie haben noch einen vierjährigen Sohn. Sie sind entsetzt über den Verlust und ratlos. Sie wissen nicht, wie sie sich verhalten sollen. Sie verabreden, den Kleinen nicht in das Geschehen einzuweihen, sich mit niemandem darüber zu besprechen. Sie ziehen sich zurück und vermeiden das Thema auch untereinander. Sie meinen, das Geschehene am besten zu verarbeiten, indem sie nach außen keine Betroffenheit zeigen und Leute meiden, die weinen könnten. Im Kollegenkreis lassen sie sagen, daß sie nicht angesprochen werden möchten. Sie bekommen von Verwandten viel Bestärkung für dieses Verhalten und werden wegen ihrer Stärke bewundert.

Der Vierjährige vermißt den Bruder und bekommt hinhaltende Antworten. Er ist verunsichert und unglücklich, aber er wird nicht getröstet, weil die Eltern meinen, daß er ja nichts verloren habe. Dabei ist er so einsam, wie seine Eltern es für sich und ihn entschieden haben.

Die G.'s nehmen nicht wahr, daß sie nicht allein auf der Welt sind, daß es Menschen gibt, die sie gern haben und die ihnen gut tun können, die den Schmerz mit Tränen lindern helfen könnten und sie berühren und wärmen würden. Sie versagen sich das alles. Die Wirklichkeit, zu der ihre Gefühle gehören und die Hilfsangebote, wird von ihnen geleugnet, weil sie meinen, sie müßten nur Stärke zeigen, dann würde alles besser.

Das Ehepaar S. hat drei erwachsene Kinder. Zwei Söhne haben schon lange das Elternhaus verlassen. Einer ist im Ausland und der andere studiert 1000 km entfernt. Beide kommen nur sehr selten nach Hause.

Gerade ist die 19jährige Paula in eine 100 km entfernte Stadt zur Ausbildung gegangen. Sie hat in der Vorfreude auf das Neue und die Selbständigkeit nicht so unter der Trennung vom Elternhaus gelitten, wie sie sich das gedacht hatte. Sie hat mit Eifer alles verpackt, was ihr lieb war und ein kahles Zimmer hinterlassen, das ganz trostlos aussah. Ihre Eltern haben ihr nicht erlaubt, Möbel mitzunehmen, weil sie ja an den Wochenenden zurückkäme und überhaupt ja noch ihr Zimmer bei ihnen brauche.

Frau S. klammert sich noch an das Zimmer. Sie sagt sich: „Sie ist ja gar nicht weg, sie hat hier ihr Zimmer, eigentlich wohnt sie hier."

Eine Nachbarin kommt vorbei und fragt, wie es Frau S. jetzt gehe, nachdem Paula weg sei. Frau S. schüttelt den Kopf: „Sie ist nicht weg, sie wohnt hier, sie hat nur eine kleine Schlafmöglichkeit in H."

Frau S. hat sich entschieden, nicht zuzugeben, daß nun alle ihre Kinder weggezogen sind. Sie glaubt, daß sie dieses Problem nicht bewältigen kann. Solange sie die Augen vor den Tatsachen verschließt, können sie ihr auch nichts anhaben. Auch sie bekommt nicht den Trost, den sie dringend brauchte. Sie hat sich auf diesen Tag nicht vorbereitet, sie hat sich überschätzt in ihrem Gefühl, stark zu sein. Vielleicht wird es ihr gelingen, so weiterzuleben und ganz allmählich vertraut zu werden mit der Tatsache, daß ihre Kinder nicht mehr da sind, nicht mehr ihren Tagesablauf beeinflussen. Vielleicht wird sie sich neuen Aufgaben zuwenden, die sie erfüllen. Sie hat aber einen Teil von sich abgespalten, ignoriert und nicht zugelassen.

Gute Eltern denken nicht an sich selbst. Sie sind immer nett und freundlich

Nach der Vorstellung vieler Eltern besteht ihre Aufgabe darin, für ihre Kinder zu sorgen und nicht an sich selbst zu denken. Die Wünsche und Forderungen der Kinder, aber auch die der Verwandten, Freunde und Arbeitskollegen sind wichtiger als ihre eigenen Bedürfnisse. Egoismus ist für sie etwas Furchtbares. Sie befürchten, andere zu vernachlässigen. Wenn sie traurig sind, wollen sie niemanden damit belästigen. Wut, die sie haben, könnte die anderen kränken oder ängstigen. Deshalb bemühen sie sich immer, anderen Menschen freundlich zu begegnen. Streit und Auseinandersetzung vermeiden sie am liebsten. Sie sind stets um Ausgleich bemüht. Wenn ihre Kinder im Supermarkt schreien, fürchten sie die Kritik der anderen. Sie versuchen, alle zu verstehen und nicht anzuecken. Sie fühlen sich dafür verantwortlich, daß ihre Kinder sich immer gut fühlen. Sie bemühen sich und tun alles, um ihren trotzigen Zweijährigen vor einem Wutanfall zu bewahren. Sie strengen sich an um ihre traurige Tochter wieder zum Lachen zu bringen. Sie sind bereit, auf jede Eskapade ihrer Jugendlichen einzugehen, damit diese zufrieden sind und mit ihnen in Harmonie leben.

Am liebsten lesen solche Menschen anderen die Wünsche von den Augen ab. Sie versetzen sich in die anderen, um etwas für sie tun zu können. Von ihrer Umgebung erwarten sie, daß ihre Wünsche und Bedürfnisse ebenfalls erraten werden.

Gedankenlesen und Wünscheraten führt leicht zu Mißverständnissen: „Ich habe es ja nur gut gemeint." „Mir ist so kalt, hier hast du eine Wolldecke!" „Wenn er mich liebt, weiß er auch, was ich brauche."

Niemand weiß genau, wie der andere sich fühlt und was er braucht. Deshalb ist es wichtig, dies von sich aus zu sagen. Eltern, die sich selbst nicht wichtig nehmen, vernachlässigen bei ihrer vielen Arbeit sich selbst. Da sie anderen ihre Gefühle nicht zumuten, verbergen sie ihre Wut und ihre Trauer. Sich selbst ständig in andere hineinzuversetzen, sich für ihre Gefühle verantwortlich zu fühlen und die eigenen Gefühle zu verleugnen, ist sehr anstrengend. Es ist erleichternd, auch die negativen Gefühle zum Ausdruck zu bringen, sich selbst wichtig zu nehmen und auch zu zeigen: „Dies gefällt mir nicht." „Ich bin mit dir nicht einer Meinung."

Es ist keineswegs ein unangemessener Egoismus, wenn man seine eigenen Bedürfnisse bedenkt und z. B. die Bitte eines anderen ablehnt.

Eltern sollten ihren Kindern zeigen, wenn sie müde, krank, erschöpft, traurig oder wütend sind: „Ich möchte mich eine halbe Stunde ausruhen, ich habe schlecht geschlafen. Du kannst hier neben mir spielen."

Was kann passieren, wenn Sie einmal an sich selbst denken?

Beispiele:

Frau und Herr C. haben sich, lange bevor ihr Kind geboren wurde, überlegt, wie sie mit ihrem Kind umgehen wollten. Sie haben auch Bücher gelesen und viele Fachleute und Freunde befragt, z. B. ob und welche Erfahrungen sie gemacht haben mit Tragetuch und -sack. Sie haben sich entschieden, ihr Kind viel zu tragen. Ihr Kind, das nun geboren ist, scheint es gern zu mögen, so umhergetragen zu werden und bei vielen Arbeiten der Eltern dabei zu sein.

Die Eltern waren auch sehr zufrieden mit dieser Methode. Doch jetzt hat Frau C. Probleme damit, weil sie unterwegs oft laute Äußerungen von Passanten hört, die sich abfällig oder zweifelnd über den Tragesack äußern, weil er schädlich sei für das zarte Rückgrat des Babies und kalt noch obendrein! Nachdem nun ihre Eltern auch noch bedenklich waren und die Kinderärztin sich ihrer Meinung nach nicht eindeutig geäußert hat, macht sich Frau C. ständig Sorgen.

Wenn sie zu ihren Eltern fährt, benutzt sie einen Kinderwagen, um den Debatten über das Tragen zu entgehen. Dann macht sie sich aber Vorwürfe wegen des Kindes, das dann nicht mehr so gelassen ist, weil der Aufenthalt im Wagen gar nichts Gewohntes ist. Wenn sie zu ihren Freunden geht, die schon drei Kinder im Tuch getragen haben und darauf schwören, nimmt sie natürlich ihr gewohntes Tragetuch oder den Sack. Neulich, als sie gerade mit dem Wagen losging, fing ihre Tochter an zu weinen und da hat sie schnell wieder den Tragesack genommen.

Frau C. hat das Problem, nicht bei ihrer Meinung zu bleiben und zu ihren eigenen Erfahrungen zu stehen. Sie glaubt, daß sie ein befriedigendes Leben nur führen kann, wenn sie allen Ansprüchen anderer gerecht wird. Sie lebt leider in dem Irrtum, daß dies möglich sei und schafft sich schon damit sehr viel inneren Streß und zusätzliche Aufgaben, die sie davon abhalten, für sich selbst etwas zu tun.

Das Ehepaar F. hat Zwillinge, 13 Monate alt. Herr F. geht tagsüber ins Büro. Frau F. versorgt die Zwillinge und den Haushalt, eine Hilfe kann sie sich nicht leisten. Frau F. ist sehr bemüht, allen Anforderungen ihres augenblicklichen Lebens möglichst gerecht zu werden. Schon die Zwillinge könnten ihren Tag durch ihre Bedürfnisse ausfüllen, sie fangen gerade an zu laufen und nichts ist vor ihnen sicher. Zu ihrer Erdgeschoßwohnung gehört ein Garten und ihr Vermieter hat ganz bestimmte Vorstellungen von der Pflege dieses Gartens. Der Vermieter wohnt über ihnen. Ihr Mann kommt abends müde nach Hause und muß sich erst einmal „vom Bürostreß ausruhen", er mag nichts hören und nichts sehen. Frau F. versucht, es ihm so gemütlich wie möglich zu machen. Zu allem beschwert sich der Vermieter, der keine Kinder hat, dauernd über das Verhalten der Kinder und macht Frau F. Vorwürfe. So verbringt sie viel Zeit damit, den Garten zu pflegen, die Kinder zu besänftigen oder mit ihnen wegzugehen, damit sie laut sein dürfen. Sie will nett und freundlich sein und verbraucht viel Kraft, um ihre wachsenden negativen Gefühle in Schach zu halten. Ihre Beziehungen zu den Menschen ihrer Umgebung werden dadurch unecht und alle Beteiligten, auch die Kinder, fühlen sich unterschwellig unbehaglich. Frau F. bekommt keine wirkliche Nähe mehr zu ihrem Mann, der nicht weiß, wie ärgerlich sie auf ihn ist und was sie von ihm will.

Sie überlegt nicht, was passieren würde, wenn sie den Garten anders machen oder einfach wuchern lassen würde und was passiert, wenn sie ihrem Mann ihren Wunsch erklären würde, daß er sie abends entlastet, weil beide ein Recht auf Freizeit haben. Solange sie ihre Beziehung so ungeklärt läßt, bekommt sie auch nicht die Liebe, die ihr die alltägliche Belastung erträglich macht.

Familie T. hat drei Teenager. Die Eltern sind tagsüber nicht zuhause. Die Jugendlichen haben sehr viele Freunde bei sich, und die Wohnung ist den ganzen Tag über erfüllt von lauter Musik, manchmal noch verschiedener Klänge aus zwei nebeneinanderliegenden Räumen, wenn die Kinder nicht gerade in der Schule oder unterwegs sind. Weil hier keine Erwachsenen stören, ist die Wohnung der T.'s ein sehr beliebter Treffpunkt.

Die Nachbarn sind allerdings nicht einverstanden mit dem Lärm. Sie wenden sich an Frau T., denn Herr T. scheint den Lärm zu mögen, er hat jedenfalls überhaupt nichts dagegen. Frau T. findet es in Ordnung, daß die jungen Leute sich bei ihnen einfinden und freut sich, daß sie sich bei ihnen wohlfühlen. Sie kann aber auch ihre Nachbarn verstehen, die sich von der lauten Musik gestört fühlen. Sie möchte niemandem etwas Unangenehmes sagen. Sie selbst hätte es auch lieber ruhiger in der Wohnung, wenn sie abends heimkommt, und sie hat nicht viel übrig für die von den Jugendlichen so geliebte Musik. Eine Zeitlang ist sie hin- und hergerissen zwischen den Parteien. Sie kämpft eine Weile schwer mit sich, ob sie jetzt mal wagen kann, klare Regelungen zu treffen.

Sie hilft sich bei ihren Entscheidungsschwierigkeiten mit der Frage: „Was kann denn passieren, wenn ich auch meine Interessen durchsetze?“ Sie kann sich keine schlimmen Folgen vorstellen. Sie wird mit den Jugendlichen vielleicht diskutieren und sie wird fest bei ihrer Meinung bleiben.

Frau T. ruft ihre Kinder zusammen und sagt ihnen dann, daß sie mit ihnen eine Regelung vereinbaren will über das Verhalten aller Jugendlichen in der Wohnung. Zunächst fordert sie, daß alle die Mittagsruhe von 13 bis 15 Uhr einhalten müssen. In der Zeit müssen alle leise sein und keine oder gedämpfte Musik machen. Danach soll die Musik so sein, daß die Nachbarn sie nicht durch die Wände hören. Dafür machen sie nachher einen Hörtest, der mit den Nachbarn schon besprochen ist. Wenn sie dann nach Hause kommt, möchte sie, daß die Musik außerhalb der Zimmer ihrer Kinder nicht zu hören ist, weil sie etwas anderes hören möchte.

Außerdem möchte sie nicht, daß in ihrer Wohnung geraucht wird, weil ihre ganze Familie nicht raucht und sie den Geruch nicht in der Wohnung haben mag. Die Kinder mögen ihren Freunden zwar nicht gern sagen, daß sie in der Wohnung nicht mehr rauchen sollen, finden die Regelung sonst aber annehmbar.

Frau T. fühlt sich erleichtert, nachdem sie gesagt hat, was sie will. Sie gesteht ihren Kindern, wie unangenehm ihr war, ihnen diese Grenzen zu setzen, und wie gut sie sich jetzt fühlt. Sie empfiehlt ihnen, doch auch einmal auszuprobieren, was passiert, wenn sie es nicht jedem recht machen.

5.2 Auch Eltern brauchen Zuwendung

Es gibt also Vorstellungen, mit denen wir uns das Leben unnötig schwer machen. Das heißt natürlich nicht, daß es wenig Arbeit ist, Kinder zu haben. Wir können aber anders damit umgehen und darüber nachdenken, wie wir es uns bequemer und leichter machen, ohne dabei die Bedürfnisse unserer Kinder zu vernachlässigen. Wir haben oft mehr Zeit als wir zunächst annehmen, und es ist gut zu lernen, den Augenblick zu genießen und nicht immer hinter einem zeitlichen Ziel herzujagen.

Wir sorgen so gut wir können für unsere Kinder, doch wir machen alle auch Fehler. Wir können sie benutzen, um zu lernen. Wir haben die Freiheit, im Zusammenleben mit unseren Kindern zu experimentieren, etwas Neues auszuprobieren. Dabei stellen wir manchmal fest, daß es nicht das Richtige war.

Alle Menschen haben negative wie positive Gefühle, auch Eltern. Diese zu verstecken und zu leugnen, macht das Leben anstrengender als es ist. Es kostet sehr viel Energie, seinen Ärger nicht zu zeigen und stattdessen freundlich zu sein.

Auch Eltern dürfen also ausdrücken, wie sie sich fühlen. Wichtig ist, daß sie dabei niemanden bedrohen oder verletzen, auch sich selbst nicht.

Es ist klar, daß Kinder Liebe, Zuwendung und Unterstützung für ihr Wachstum brauchen. Wir haben aber gesehen, daß die Eltern, wenn sie es besonders gut für ihre Kinder machen wollen, übersehen, daß sie selbst auch Liebe und Zuwendung brauchen. Eltern, die gute Eltern sein wollen, vernachlässigen häufig ihre eigenen Bedürfnisse. Deshalb fühlen sie sich immer wieder erschöpft, ausgebrannt, krank, depressiv, unerklärlich gereizt und wütend oder unzufrieden. Sie können aber auch lernen, herauszufinden, was sie für sich selbst brauchen und wie sie es bekommen können.

Wie wir gesehen haben, wandeln sich die Ansprüche der Kinder im Laufe ihrer Entwicklung. Entsprechend verändern sich auch die Bedürfnisse der Eltern. Eltern beachten diese Tatsache oft nicht. Deshalb haben wir einige Anregungen zusammengestellt, mit deren Hilfe Sie für sich herausfinden können, was sie für sich tun können.

0–6 MONATE:
Eltern eines Säuglings müssen sich mit ihren Bedürfnissen sehr stark an den Rhythmus des Kindes anpassen. Ihr nächtlicher Schlaf wird gestört und viele Arbeiten, die für das Kind getan werden müssen, sind unaufschiebbar. Es kostet sie Energie, sich in den Säugling einzufühlen und herauszufinden, was er braucht.

Für junge Eltern ist es daher sehr wichtig, zunächst auf ihre elementaren Bedürfnisse wie Nahrung und Schlaf zu achten. So können sie, während das Baby schläft, selbst ausruhen und müssen nicht unbedingt im Haushalt arbeiten. Hausarbeiten könnten z. B. mit dem Baby im Tragesack oder Tuch erledigt werden. Eine gute Ernährung ist sehr wichtig, nicht nur, wenn die Mutter stillt. Unausgewogene Ernährung oder gar zu wenig Essen kostet Nervenkraft und bringt Erschöpfung. Eltern benötigen auch den Kontakt zu Gleichaltrigen, sie brauchen Gesprächspartner, um sich auszutauschen und neue Anregungen zu bekommen.

Die Situation ist auch für die Partner neu. Beide müssen sich erst zurechtfinden. Überlegen Sie sich, vielleicht schon vor der Geburt, von wem Sie sich Hilfe und Unterstützung wünschen, z. B.

- eine Freundin, die das Baby hütet, während Sie Rückbildungsgymnastik oder -yoga machen;
- ein Freund, der das Baby spazierenfährt, während Sie sich ausruhen;
- eine Tante, die Ihnen Essen kocht und Sie tagsüber versorgt;
- eine Nachbarin, die für Sie einkauft;
- eine befreundetes Paar mit Baby, mit dem Sie gemeinsam etwas unternehmen;

Häufig ist man gerade in dieser ersten Zeit unsicher, ob man seine Aufgabe gut bewältigt. Eine Möglichkeit ist: Machen Sie sich eine Liste mit allem, was Sie gut machen! oder: Überlegen Sie sich, was Sie sich von Ihrem Partner wünschen! und : Sagen Sie sich mit dem Partner, was Ihnen gefällt („Ich mag an dir, wie du mit dem Baby sprichst." „Ich mag an dir, daß du so einfallsreich bist." „Ich mag an dir,..."

Was bringt Ihnen besonderen Spaß mit Ihrem Baby? Vielleicht eine Babymassage? Ein gemeinsames Bad und anschließendes Kuscheln? Sich zusammen auf den Teppich legen und das Baby beobachten?

6–18 MONATE:
Die Eltern von kleinen Forschern brauchen sehr viel Aufmerksamkeit, um ihre Kinder zu begleiten und zu schützen. Sie sind den ganzen Tag in Bewegung. In der Umgebung dieser Kinder ist nichts vor ihnen sicher. Die Eltern müssen Unordnung, Geschmiere und – wenn sie nicht schnell genug waren – vielleicht zerfetzte Bücher oder abgerissene Blumen in Kauf nehmen.

Die Kinder unterscheiden vertraute und fremde Personen. Sie belegen ihre Eltern manchmal sehr mit Beschlag.

Die Anstrengung für die Eltern besteht vor allem in der ständigen Aufmerksamkeit, die sie ihrem Kind geben müssen. Auch nachts sind die Kinder oft unruhig, da sie Zähne bekommen. Im ersten Lebensjahr häufen sich manchmal Infekte, da das Kind noch mit dem Aufbau seines Immunsystems beschäftigt ist.

Eltern brauchen deshalb Erholung und Ruhe von der aufreibenden und intensiven Betreuung des Kindes. Durch die immer noch symbiotische Beziehung müssen die Eltern Zeit haben, in der sie sich auf sich selbst besinnen und etwas ganz anderes machen können. So können Sie sich überlegen:

- Wie kann ich in der Woche einen oder mehrere freie Abende bekommen?
- Gibt es eine Kindergruppe für wöchentliche Treffs?
- Wie gründe ich eine solche Gruppe?
- Von welchen Freunden oder Verwandten kann ich mir Hilfe bei der Kinderbetreuung wünschen?
- Welche Freunde mit etwa gleichaltrigen Kindern haben wir?
- Machen Sie eine Liste mit den Dingen, die Sie dringend gern einmal tun möchten (Ausschlafen, Kinobesuch, Treffen mit Freunden, Lesen, Reisen...).
- Wie können Sie diese Dinge verwirklichen?

- Gibt es in der Nachbarschaft Eltern, mit denen wir uns bei der Kinderbetreuung abwechseln können?
- Ist unsere Wohnung wirklich praktisch eingerichtet?
- Machen Sie eine Liste von den Dingen, die Ihnen gemeinsam mit Ihrem Kind Spaß machen (Schwimmen gehen, auf den Spielplatz gehen, andere Leute treffen...).

18–36 MONATE

Die Kinder erweitern immer mehr ihren Bewegungsradius. Die Eltern können sich jetzt weiter von ihnen entfernen und aus der Distanz für das Kind zur Verfügung stehen. Die Kinder wollen ihre Selbständigkeit üben.

Die Leistung der Eltern besteht vor allem darin, immer wieder zu prüfen, was das Kind selbst kann und in welchem Ausmaß sie das Kind unterstützen müssen. Es erfordert Geduld und Ausdauer zuzusehen, wie das Kind anfängt, selbst zu essen, sich selbst zu waschen, ein Brot zu schmieren oder sich selbst anzuziehen. Um dieses Selber-tun entbrennt oft ein Machtkampf. Die Kinder werden wütend, werfen sich auf den Boden und trampeln mit den Füßen. Sie schreien laut und leisten Widerstand bei ganz alltäglichen Verrichtungen. Das zerrt an den Nerven der Eltern: „Selbständigkeit ist ja ganz gut und schön, aber bis man so mit dem Frühstück fertig ist, das dauert ja eine Ewigkeit!"

Es ist in Ordnung, wenn die Eltern auch ihren Ärger in angemessener Weise zeigen und deutlich Grenzen setzen. Prüfen Sie, wie weit Sie bereit sind mitzumachen! Auch Sie haben ein Recht auf Ihre Bedürfnisse! Warten Sie damit nicht, bis Sie zusammenbrechen oder einen großen Wutanfall bekommen. Sie brauchen sich nicht schlecht zu fühlen, wenn Ihr Kind wütend ist. Sie sind zwei getrennte Personen! Machen Sie sich zur Beruhigung klar, daß diese Wutanfälle eine vorübergehende Erscheinung sind.

Eltern, die sich in dieser Zeit herausgefordert fühlen, ihr Kind zu schlagen oder zu verletzen, sollten sich Hilfe holen, indem sie eine Freundin, einen Freund oder beim Kinderschutzbund anrufen. Nehmen Sie Ihren Impuls als ein Zeichen dafür, daß Sie selbst Unterstützung brauchen. Suchen Sie Kontakt zu anderen Erwachsenen oder verabreden Sie sich mit einer Nachbarin. Es ist wichtig, mit anderen Eltern über die Trotzzeit der Kinder zu reden. Alle Kinder erleben sie, wenn auch in verschiedenen Formen.

Eltern brauchen dann Zeit für sich, in der sie etwas Schönes erleben. Dafür gibt es mehrere Möglichkeiten:

- Organisieren Sie einen Kinderbetreuungsdienst in der Nachbarschaft.
- Pflegen Sie gleichberechtigte Beziehungen. Suchen Sie sich Freunde aus, mit denen Sie etwas Angenehmes unternehmen können.
- Planen Sie mit Ihrem Partner eine Unternehmung ohne das Kind (Wochenende).
- Suchen Sie sich etwas, wozu Sie Lust haben (Musik, Tanzen, Studieren...).
- Teilen Sie Ihrem Partner Ihre Gefühle mit und sagen Sie ihm Ihre Wünsche: Eine Massage ohne Sex, zusammen Essen gehen, zuhören, was Sie mit dem Kind erlebt haben, beratschlagen, wie etwas anders gemacht werden kann.

Machen Sie eine Liste, was Sie Schönes mit Ihrem Kind oder ihren Kindern tun können:

- einen schönen Ausflug machen,
- mit Ton basteln,
- im Garten arbeiten,
- einen Kuchen backen, eine Speise zusammen herstellen,
- eine Radtour machen,
- auf eine Wiese gehen und Blumen und Blätter sammeln,
- an einen Bach, Teich, eine große Pfütze gehen und Boote schwimmen lassen (mit Gummistiefeln).
- einen Schneemann bauen, rodeln...

3–6 JAHRE

Das Kind erreicht nun eine immer größere Selbständigkeit. Es äußert Bedürfnisse und kann schon eine Menge selbst tun, um zu bekommen, was es braucht. Die Eltern achten darauf, daß es sich in einer sicheren Umgebung aufhält und spielt. Aber das Kind ist jetzt schon einen großen Teil des Tages von seinen Eltern entfernt. Die Eltern haben wieder mehr Zeit für sich. Dies ist ein guter Zeitpunkt für die Eltern, um darüber nachzudenken, wie sie ihr Leben weiter gestalten wollen:

- Wollen wir noch mehr Kinder haben?
- Sind wir mit der Arbeitsteilung in der Partnerschaft einverstanden (einer betreut das Kind, einer verdient Geld)?
- Gibt es eine Möglichkeit, daß beide arbeiten und das Kind oder die Kinder abwechselnd betreuen?
- Wie kann derjenige, der bisher hauptsächlich das Kind betreut hat, (wieder) berufstätig werden?

Es ist gut, wenn die Eltern die Zeit, die sie durch die größere Selbständigkeit des Kindes gewinnen, für ihnen wichtige eigene Aktivitäten nutzen. Dazu gehört auch, die Partnerschaft mehr auszukosten, als es mit sehr kleinen Kindern möglich ist.

Machen Sie sich eine Liste, was Sie gern gemeinsam mit Ihrem Kind tun:

- einen Waldspaziergang, Tiere beobachten, Versteck spielen,
- Märchen erzählen,
- Lieder singen,
- aus der eigenen Kindheit erzählen,
- Rollenspiele mit verstellter Stimme,
- ein Bild kleben,
- Ostereier anmalen,
- im Haushalt etwas reparieren,
- im Garten arbeiten,
- Muscheln oder Quallen am Strand sammeln.

6–12 JAHRE

Die Eltern werden von den Kindern als Partner in Auseinandersetzungen beansprucht. Die Kinder testen die Regeln der Familie und probieren neue aus. Sie kritisieren, und manchmal beleidigen sie ihre Eltern. Dies ist für die Eltern mitunter belastend, enttäuschend oder auch schockierend. Zeigen Sie Ihren Kindern Ihre Gefühle offen. Ziehen Sie sich nicht ohne eine Erklärung zurück. Richten Sie sich immer mehr einen eigenen Lebensbereich ohne die Kinder ein, so wie die Kinder immer mehr ihrer eigenen Wege gehen. Sie können sich langsam mit der Vorstellung vertraut machen, Schritt für Schritt von Ihrer Rolle als Eltern Abschied zu nehmen. Wenn Sie sich ausgelaugt fühlen, prüfen Sie, ob Sie vielleicht zu viel für Ihr Kind denken, handeln und fühlen. Nutzen Sie die Chance, die das Zusammenleben mit Sechs- bis Zwölfjährigen Ihnen bietet. Probieren Sie z. B. einmal zusammen die Verbesserungsvorschläge aus, die die Kinder für das gemeinsame Leben machen. Das kann sehr viel Spaß bringen.

Machen Sie eine Liste, was Sie gerne mit Ihrem Kind zusammen tun möchten:
- eine Denksportaufgabe lösen,
- Karten spielen,
- ins Theater gehen,
- Lieder singen, ein Instrument spielen,
- ein Knusperhäuschen basteln,
- Mittagessen kochen,
- den Geschichten der Kinder zuhören,
- eine längere Reise machen,
- in den Bergen wandern.

13–19 JAHRE

Die letzten Jahre, in denen die Jugendlichen mit ihren Eltern zusammen leben, sind oft sehr wechselhaft und aufregend. Die Jugendlichen grenzen sich oft vehement und auch feindselig von ihrer Familie ab. Dann gibt es wieder Zeiten, in denen Eltern und Kinder sich freundschaftlich annähern. Die Eltern sind in dieser Zeit mit Jugendlichen häufig wütend und enttäuscht. Sie fühlen sich mißverstanden und abgelehnt. Viele Eltern können sich noch nicht vorstellen, daß ihre Kinder in wenigen Jahren selbständig sind und auf eigenen Füßen stehen werden. Sie machen sich Sorgen, ob ihre Kinder die Zukunft wirklich bewältigen können und haben Zweifel daran.

Es ist jetzt wichtig, den Jugendlichen immer größere Verantwortung und Zuständigkeit für sich selbst zu übertragen. Wenn Sie ihnen diese Eigenständigkeit zutrauen, bedeutet dies auch eine Entlastung für Sie selbst. Dieses Loslassen ist für die

Eltern auch mit Trauer verbunden. Der Zeitpunkt, an dem die Kinder die Familie verlassen, rückt unaufhaltsam näher. Das bedeutet Abschied nehmen von einem wichtigen Lebensabschnitt. Die Zeit, in der Ihre Kinder Sie als Eltern brauchten, geht zu Ende. Das ist so traurig wie jeder Abschied sonst. Gestehen Sie sich diese Trauer zu.

Vielleicht brauchen Ihre Kinder Sie einmal als Freunde und Gesprächspartner, dann können Sie sich freuen. Eltern können mit sich selbst zufrieden sein, wenn Ihre Kinder gern und mit Zuversicht selbständig werden, dies schließlich geworden sind und dann ihr Elternhaus verlassen.

Nutzen Sie die Chance, die darin für Sie liegt, für einen Neuanfang. Überlegen Sie sich, wie Sie Ihre Zeit gestalten wollen und ob Sie in Ihrer Partnerschaft etwas verändern möchten. Sie haben mehr Zeit füreinander und können es genießen, Ihre Zweisamkeit neu kennenzulernen und Pläne für die Zukunft zu schmieden. Für alleinlebende Eltern ist es jetzt ganz besonders wichtig, sich einen Freundeskreis aufzubauen oder ihn zu erweitern und herauszufinden, wie sie ihre neugewonnene Zeit gestalten wollen.

Eltern, die sich so auf ihren Abschied von den Kindern vorbereiten, können diesem neuen Lebensabschnitt bei aller Wehmut auch mit Freude und Neugier entgegensehen und ihre Kinder in Ruhe gehen lassen.

Manche Eltern finden in dieser zweiten Lebenshälfte einen erneuten Zugang zur Religiosität im weitesten Sinne. Sie entdecken dabei gelegentlich einen neuen Sinn in ihrem Leben und erleben eine erweiterte Innenwelt. Manche werden sich zum ersten Mal bewußt, daß sie eine Seele haben, und sie spüren, daß diese ihre Seele Bedürfnisse hat, die durch materielle Dinge nicht zu befriedigen sind, wohl aber z. B. durch ein Rückbesinnen auf religiöse Werte.

Vielleicht sind Sie dann versucht, sich darüber Vorwürfe zu machen, daß Sie dies Ihren inzwischen erwachsenen Kindern nicht recht vermitteln konnten. Doch dazu besteht kein Grund. Vielleicht konnten Ihre Kinder bisher schon bei Ihnen erfahren, daß unser Leben nicht nur aus Materiellem besteht. Die uns umgebende Natur zu achten und zu lieben, kann auch die

Seele Ihrer Kinder erfreuen. Ganz sicher können sich unsere Kinder die Zeit nehmen und ihre Seele auch später noch entdecken.

Eltern können aus der Seelenverwandtschaft mit allen Lebewesen neue Kräfte sammeln. Durch unsere Zugehörigkeit zu einem höheren Ganzen sind wir nicht einsam, selbst wenn wir alleine sind.

Wir wollen unser Buch mit einem Text beenden, der in der alten St.-Pauls-Kirche in Baltimore 1692 gefunden wurde:

Gehe gelassen inmitten von Lärm und Hast und denke daran, welcher Friede in der Stille sein kann. Soweit wie möglich versuche mit allen Menschen auszukommen, ohne dich zu unterwerfen. Sprich deine Wahrheiten ruhig und klar und höre anderen zu, auch den Unwissenden, auch sie haben ihre Geschichte. Vermeide laute und aggresive Menschen, sie sind eine Plage für die Seele. Wenn du dich mit anderen vergleichst, dann könntest du eitel oder bitter werden, denn es gibt immer größere und geringere Menschen als dich. Freue dich über deine Erfolge und Pläne. Nimm deine Arbeit ernst, aber bleibe bescheiden, das ist ein wirklicher Besitz in den wechselnden Geschicken des Lebens. Sei vorsichtig mit geschäftlichen Dingen, denn die Welt ist voller Listen. Aber sei du selbst. Besonders heuchle keine Zärtlichkeit, sei aber auch nicht zynisch in bezug auf Liebe, denn angesichts aller Trockenheit und Entzauberung ist sie wiederkehrend wie das Gras. Nimm gütig den Rat der Jahre an und laß mit Anmut die Dinge der Jugend hinter dir. Nähre die Stärke der Seele, um im plötzlichen Unglück nicht schutzlos zu sein. Aber beunruhige dich nicht mit Grübeleien. Abgesehen von einer gesunden Disziplin sei milde mit dir selbst.

Du bist ein Kind des Universums, nicht weniger und nicht mehr als die Bäume und die Sterne, die Blumen und die Tiere. Du hast ein Recht, hier zu sein. Und ob es dir klar ist oder nicht, das Universum entfaltet sich, wie es soll. Deshalb sei in Frieden mit Gott, wie immer du ihn dir auch vorstellst. Halte Frieden mit deiner Seele. Mit all ihrem Schein, der Plackerei und den zerbrochenen Träumen ist es doch eine schöne Welt. Gib acht auf sie und versuche glücklich zu werden.

6.
Literaturhinweise

Babcock, D., Keepers T., Miteinander wachsen, München 1980.
Barnes, G. (Hrsg.), Transaktionsanalyse seit Eric Berne (3 Bde), Berlin 1979, 1980, 1981.
Berne, E., Spiele der Erwachsenen, Hamburg 1967.
Berne, E., Transactional Analysis in Psychotherapy, New York 1961.
Bowlby, J., Bindung, München 1975.
Bowlby, J., Trennung, München 1976.
Bowlby, J., Das Glück und die Trauer, Stuttgart 1982.
Braunmühl, E. von, Zeit für Kinder, Frankfurt 1978.
Buscaglia, L., Leben-Lieben-Lernen, Freiburg 1984.
Clarke, J. I., Self-Esteem: A Family Affair, Minneapolis 1981.
Dessai, E., Erziehung ohne Elternstreß, Frankfurt 1984.
English, F., Transaktionsanalyse, Hamburg 1980.
Erikson, E., Identität und Lebenszyklus, Frankfurt 1966.
Erikson, E., Kindheit und Gesellschaft, Stuttgart 1971[4].
Goulding, M. u. R., Neuentscheidung: Ein Modell der Psychotherapie, Stuttgart 1981.
Kohut, H., Narzißmus, Frankfurt 1973.
Kübler-Ross, E., Kinder und Tod, Stuttgart 1984.
Laing, R., Die Politik der Familie, Köln 1974.
Leboyer, F., Der sanfte Weg ins Leben, München 1974.
Levin, P., Becoming the way we are, Berkeley 1974.
Liedloff, J., Auf der Suche nach dem verlorenen Glück, München 1980.
Mahler, M., Pine, F., Bergman, A., Die psychische Geburt des Menschen, Frankfurt 1980.
Montagu, A., Körperkontakt, Stuttgart 1982.
Oerter, R. u. Montada, L., Entwicklungspsychologie, München 1982.
Piaget, J., Die Psychologie des Kindes, Frankfurt 1977.
Rautenberg, W., Rogoll, R., Werde, der du werden kannst, Freiburg 1984[4].
Rogoll, R., Nimm dich, wie du bist, Freiburg 1984[15].
Satir, V., Familienbehandlung, Freiburg 1973.
Schiff, J. u.a., Cathexis Reader, New York 1975.
Sichtermann, B., Vorsicht Kind, Berlin 1982.
Spitz, R., Vom Säugling zum Kleinkind, Stuttgart 1967.
Stevens, J., Die Kunst der Wahrnehmung, München 1975.
Wilberg, G., Zeit für uns, Frankfurt 1981.
Woollams, S., Brown, M., Transactional Analysis, Dexter 1978.
Woollams, S., Brown, M., Abriss der Transaktionsanalyse, Frankfurt 1982.
Zimmer, K., Das einsame Kind, München 1982.